KB197075

# "이기거나 죽거나!!"
# 스타트업 네버 마인드

Start Up Never Mind

# 스타트업 네버 마인드

**초판 1쇄 인쇄** 2024년 11월 21일
**초판 1쇄 발행** 2024년 12월 5일

**지은이** 이근웅

**발행인** 백유미 조영석

**발행처** (주)라온아시아
**주소** 서울특별시 서초구 방배로 스파크플러스 3F

**등록** 2016년 7월 5일 제 2016-000141호
**전화** 070-7600-8230    **팩스** 070-4754-2473

**값** 19,000원
**ISBN** 979-11-6958-133-2 (13320)

※ 라온북은 (주)라온아시아의 퍼스널 브랜드입니다.
※ 이 책은 저작권법에 따라 보호받는 저작물이므로 무단전재 및 복제를 금합니다.
※ 잘못된 책은 구입하신 서점에서 바꾸어 드립니다.

라온북은 독자 여러분의 소중한 원고를 기다리고 있습니다. (raonbook@raonasia.co.kr)

이근웅 지음

# Start Up Never Mind

## "이기거나 죽거나!!"

창업 준비부터 스케일업, 지속 성장까지 한 권에 담은 스타트업 생존 전략서

한 방은 없다! 확인 또 확인해야 한다!!
위기를 '폭발적 성장 기회'로 삼으라!!

RAON
BOOK

# 원하는 것을 목숨 걸고 쟁취하는 사자처럼

2014년 어느 날, 나는 어른이 되고 싶어졌다. 약속을 지키며 명예를 가진 사람이 되고 싶었다. 사소한 것들을 지킬 수 있는 삶, 어떤 상황에서도 당당한 태도를 갖고 싶었다.

검정고시를 치른, 7년간 영업을 한 30세 청년이 준비 없이 시작한 사업은 험난했다. 책을 읽고 영상을 찾아보고 강의를 들어도 항상 결정이 어려웠다. '유명한 대학교를 다니고 대기업에 근무했다면 가르침을 줄 선배들이 많았을 텐데' 하며 처음으로 내 학업의 짧음을 후회했다.

지극히 평범하고 가진 게 없었던 내가 10년간 사업을 하면서 겪은 경험을 이 책에 담아내고자 노력했다. 지난 세월, 투자를 받기 위해 고군분투하고, 자존심 상하는 일들을 겪으며 다짐하고, 투자를 받게 되어 기뻐했던 내가 이제 창업가에게 도움을 주고 투자를 하는 단계까지 성장했다. 그 성장 과정에서 내가 깨달은 것들을 부족한 솜씨로나마 전하고자 한다.

책의 첫 장에는 스타트업을 시작하기 전에 알아두어야 할 창업의 현실과 창업가 자질, 돈의 개념과 선택의 중요성, 동료를 구하는 방법 등을 담았다. 그리고 2장에서는 창업 후 최소기능제품으로 타당성을 검증하고 제품시장적합성을 찾을 때까지, 초기 창업가가 시장에 안착하기 위해 밟아나가야 하는 단계들을 다루었다.

3장에는 '죽음의 계곡'에서 살아남아 급격한 성장을 꾀하려는 창업가들이 지속 가능한 경영을 위해 꼭 알아야 하는 사업 전반의 내용을 담았다. 그리고 마지막에는 이와 같은 사업 현장의 모습을 더욱 생생하게 엿볼 수 있도록, 다양한 분야에서 실제로 창업해 성장을 이뤄내고 있는 선배 창업가들의 인터뷰를 부록으로 실었다.

여전히 부족한 게 많고 생소한 것들을 배워나가는 과정에 있지만, 10년 전의 나처럼 주변에 도움을 요청할 만한 선배가 부족한 사람들에게 이 책이 함께 고민하고 더 나은 결정을 하도록 이끄는 멘토가 되어주길 바란다.

40대에 접어든 지금, 이 책을 통해 다짐하고자 한다. 가족, 친구, 직장 동료에게 한 말을 사소한 것까지 모두 지키며 중요한 것은 목숨을 걸고서라도 꼭 지켜내겠다고. 그렇게 해서 내 말과 행동과 선택이 그들에게 존중받고 힘이 되는 날까지 정진하겠다고.

창업을 하고 사람이 늘어나니 꿈도 커지더라. 내가 멈추는 순간 저들의 세상도 닫히게 되니까. 지금까지 사업하면서, 안전을 구하고 안위를 추구하는 순간 자신감을 잃고 지위를 놓칠 수 있음을 깨달았다. 한번 오르기 시작한 이상 다시 내려가는 길은 없다. 중간에 멈출 수도 없다. 오르고 또 오르는 방법밖에 없으니 이 끝에 무엇이 있든 멈추지 말고 한 발 한 발 나아가자. 울타리에 갇힌 돼지처럼 반복되는 것만 하는 삶은 버리자. 목숨 걸고 투쟁해서 내 것을 쟁취하는 사자 같은 삶을 살아보자. 오늘도 다짐한다.

가난에서 벗어나기 위해, 돈 앞에서 자유롭기 위해 용기 내어 사업이라는 긴 여정을 택한 나와 같은 당신에게 아낌없는 지지와 응원을 보낸다.

**이근웅**

# Ch. 2
## 스타트업 스타트

# Ch. 3
## 스타트업 어라이브

# 부록

## 해본 선배들의 리얼한 사업 분투기

# Ch.

# 1

스타트업
워밍업

# 폐업률 66.2퍼센트, 맙소사!

### '창업이나 해볼까?' 하기 전에

요즘 취업 대신 창업에 눈을 돌리는 사람들이 많아졌다. 평생 직장 개념은 사라진 지 오래되었고, 비정규직 일자리 증가, 빠르게 상용화되는 인공지능 등의 요인으로 고용불안이 심화되고 있기 때문일 것이다.

실제로 지난해 대학생이 창업한 기업 수가 전년 대비 23.4퍼센트나 증가해, 역대 가장 높은 수치를 기록했다고 한다. 올해 6월, 교육부와 한국대학교육협의회가 발표한 '2024년 대학 정보 공시 분석 결과'에 따르면 지난해 전국 대학교 재학생 또는 졸업생이 창업한 기업 수가 무려 1,951개였다. 창업 강좌를 들은 학생 수도 34만여 명에 이르렀다.

창업 열기가 뜨거운 건 청년층만이 아니다. 은퇴 후 활발한 사회 활동을 하는 5~60대 신중년과 그 이상의 고령층 사이에서도 최근 몇 년 사이 창업률이 크게 증가하고 있다. 하지만 안타깝게도, 폐업률 또한 높은 게 현실이다. 중소벤처기업부에 따르면 2023년 말 기준 국내 창업 기업의 5년 후 폐업률은 66.2퍼센트에 이른다. 절반도 못 살아남는다는 거다.

그러므로 창업에 나서기 전에, 이 현실에 대해 깊이 생각해보기를 권한다. 흔히들 창업하려고 마음먹은 사람은, 라면 먹을 생각에 이미 물을 끓이고 있는 사람과 같다고 한다. 옆에서 아무리 라면은 몸에 안 좋다, 먹지 마라, 다른 거 먹어라 해도 벌써 물 끓이고 있는데 라면을 포기하겠는가? 반드시 먹어야겠다고 나설 것이다.

하지만 창업은 인생을 통째로 건 모험이다. 나뿐 아니라 다른 사람들의 생계가 걸려 있을 수도 있다. 고작 라면 따위가 아닌 것이다.

## 미안하지만, 7년만 지원해줄게

창업은 사업을 처음으로 이루어 시작하는 것을 뜻하지만, 새로운 나라나 왕조 따위를 세우는 것을 의미하기도 한다. 하나의 '업'

을 새로 여는 역사적인 사건이라 볼 수 있다.

갓 시작한 신생기업을 '스타트업(Start-Up)'이라 부른다. 영어로 '막 시작하다'는 뜻을 지닌 스타트업은 통상 설립 후 7년 이내의 기업을 말한다. 스타트업은 일반 사업체와 기술·혁신 기반의 벤처기업으로 나뉘는데, 이 둘의 차이점에 대해서는 뒤에서 더 자세히 살펴보도록 하자.

우리나라에는 신생기업을 다각도로 지원하는 여러 프로그램이 있다. 하지만 창업 후 이런 지원을 무한정 받을 수 있는 건 아니다. 중소벤처기업부를 비롯한 여러 기관의 지원은 창업 후 7년 이내의 스타트업을 기준으로 이뤄진다. 정부의 대표적 스타트업 육성 프로그램인 성장단계별 창업패키지 지원사업도 7년 미만 기업만 지원 가능하다. 왜 7년인지, 세월이 야속하지만, 어쩔 수 없다. 7년 안에 무조건 승부를 봐야 한다.

스타트업이 각종 초기 지원 사업을 잘 활용해, 성장 궤도에 올라타려면 어떻게 해야 할까? 시작하기 전에 철저한 준비 과정을 거쳐야 한다. 지금까지 벤처투자자로서, 또 사업체를 운영하는 대표로서 수많은 창업가를 만나보면서 느낀 점은 의외로 준비되지 않은 사람들이 많다는 사실이다. 무엇을 어떻게, 누구를 위해, 왜 하는지 기본적인 육하원칙 물음에 명확한 답을 못 내놓는 창업가도 수두룩하다. 소위 '사장님 놀이'나 몇 달 하다가 때려치울 생각이 아니라면 목숨 걸고 진짜 철저하게 준비해야 한다. 그것만이 폐업률 66.2퍼센트를 뚫고 살아남을 방법이다.

# 추월차선은
# 없다!

## 너 자신을 알라

고대 그리스 철학자 소크라테스가 한 말이다. 삶에 두루 적용되는 격언으로, 창업하려는 사람들에게도 꼭 해주고 싶은 말이다. 창업을 하겠다고 나서기 전에 먼저 자기 자신을 알아보자. 지금까지 살아온 삶을 찬찬히 돌아보고, 남이 나에 대해 무어라 말하는지 귀기울여 들어보자. 검색 창에 치면 곧장 여러 개 나오는 '창업가 자질 테스트'도 해보자. 나는 어떤 것을 좋아하는지, 무엇에 아낌없이 시간을 투자하는지, 주위 사람 평판은 어떤지, 나에 대한 질문을 끊임없이 던지고 그에 대한 답을 모아보자. 전에는 몰랐던 또 다른 나의 모습이 보이는가?

앞서 말했듯, 누구나 창업할 수 있지만 살아남는 건 소수다. 원

대한 꿈을 가지고 창업에 도전했던 수많은 사람들이 빈털터리로, 심지어 빚만 잔뜩 생긴 채로, 일자리를 찾아 헤매고 있다. 이처럼 값비싼 수업료를 치르지 않으려면, 먼저 나 자신이 사업할 만한 그릇이 되는지 살펴보아야 한다.

나는 순탄하지 않은 유년기와 청소년기를 보냈다. 아버지 사업의 흥망성쇠를 모두 지켜보았고, 그 후폭풍을 고스란히 맞았다. 잦은 이사와 전학 끝에 왜 공부해야 하는지, 학교에 다녀야만 하는 이유를 납득할 수 없어서 고등학교를 자퇴했다. 그리고 가출해서 온갖 아르바이트를 해가면서 자취했다. 그러다가 어떤 일로 경찰서에 가게 되었고, 그 일을 계기로 다시 집에 들어가게 되었다. 검정고시를 본 뒤 이름도 낯선 대학교에 들어갔지만, 공부는 뒷전이고 술만 마셔댔다.

군대에 가서야 차분히 삶을 돌아보는 시간을 가졌다. 거기에서는 생각하는 것 말고는 할 게 없었기 때문에 계속 생각하고, 책을 읽으며 어떻게 살지에 대해 고민했다. 전역하고 나서 대학에 돌아가지 않고 취직했다. 인터넷 강의 회사였다. 거기서 일과 삶의 커다란 원칙들을 알려준, 중요한 스승을 만났다. 나는 그 사람에게서 배운 것을 토대로, 일에 몰입해 성과를 내기 시작했다. 그러다 보니 어느새 20대에 연봉 1억 원을 받는 사람이 되어 있었다.

창업의 계기는 두 번째 회사의 부도였다. 보험 컨설팅을 하는 회사였고, 여자 대표가 운영했다. 대표는 굉장히 통 큰 사람이었다. 어디에선가 큰돈을 끌어와서 스케일이 어마어마한 일을 벌였다. 이건 아니다 싶은 점이 많았지만 대표를 설득할 수 없었다. 결국 부도가 났고, 내 고객들을 어떻게 해야 할지 고민하다가 결국 창업하게 되었다. 지금 보면 내가 책임진 것처럼 보이지만, 당시에는 기회라고 생각했다. 내 사업을 시작할 기회 말이다.

물론 직원으로 일하는 것과 대표로서 사업체를 꾸려가는 건 하늘과 땅 차이였다. 온갖 시행착오를 겪으며 규모를 키우는 동안 다양한 창업가들을 만났다. 그들을 보면서 새로운 깨달음을 얻을 수 있었고, 사업가로서 나 자신의 그릇을 키워나갈 수 있었다.

많은 창업가들을 만나면서 느낀 건, 무엇보다 창업가의 자질이 중요하다는 점이었다. 창업가가 어떤 사람이냐에 따라 창업의 성패가 좌우된다는 건 숱한 투자 전문가와 베테랑 경영인이 모두 인정하는 바다. 이제 창업에 성공하려면 어떤 자질을 갖춰야 하는지 자세히 살펴보자.

## 창업가가 갖춰야 할 3가지 자질

첫째, 도덕성이다. 사업은 기본적으로 돈을 버는 일이다. 그런데 돈을 버는 과정에서 남에게 손실을 일으킬 수 있는 일을 하는 사람들이 있다. 예를 들어, 음식을 만들어 파는데 그 음식에 꼭 들어가야 할 재료를 넣지 않고, 해롭지만 값싼 재료를 넣어 수익을 높이는 것이다. 또한 가상화폐, 블록체인 등의 생소한 개념을 들먹이면서 없는 것을 마치 있는 것처럼 속여서 판매하는 것이다. 이처럼 돈의 유혹에 넘어가, 남에게 해가 되는 일을 벌이는 사람은 결코 오래가지 못한다. 나는 실제로 주위에서 쉽게 돈 벌려고 하다가 망하는 경우를 참 많이 보았다.

사업을 하다 보면, 끊임없이 도덕성에 대한 시험을 마주하게 된다. 잘될 때에도, 안 될 때에도 유혹이 있다. 제품을 만들 때, 직원과의 관계에서, 고객과의 약속을 지키는 문제에서도 시험대에 오르게 된다. 그럴 때 굳건하게 신념과 도덕성을 지킬 수 있어야 한다. 그래야 견실한 사업체를 이루어갈 수 있다. 만약 스스로 살펴보았을 때, 유혹에 잘 흔들리는 편이라면 창업하지 않기를 권한다.

둘째, 사람에 대한 이해다. 주위를 둘러보면 사람과 못 어울리는 사람이 있다. 옆에 있는 사람이 기분이 좋은지 나쁜지, 배가 고픈지 안 고픈지, 행복한지 불행한지 모르는 사람. 사람 자체를 잘 모르는 사람. 이런 사람은 창업하지 않는 편이 낫다.

사업을 한다는 건 결국 사람이 사용할 제품 또는 서비스를 만들어 파는 일이다. 그런데 사람을 잘 모른다면? 불가능하다. 벤처 투자자로서 교원 창업을 하려는 교수들을 만날 때가 있다. 전부는 아니지만, 몇몇 사람은 자기가 가지고 있는 것이 세상에 하나뿐인 기술이라고 강조한다. 그러면서 이 기술로 아픈 사람을 낫게 할 수 있다고, 세상을 훨씬 좋아지게 만들 거라고 자신한다. 내가 그 기술을 사용할 아픈 사람이 주변에 있느냐고 물으면, 모른다고 한다. 그 기술이 어디에 쓰일지도 모르면서 창업하겠다는 것이다. 정말 답답하다.

사람을 잘 모르면 창업 팀을 제대로 꾸릴 수도 없다. 스타트업에게 초기 핵심 멤버로 구성된 창업 팀은 굉장히 중요하다. 누가 함께하느냐에 따라 성패가 판가름난다. 그만큼 핵심적이고 힘든 작업이 창업 팀을 꾸리는 일이다. 얼마나 힘든지, 세 명 넘으면 탈모 생기고, 다섯 명 넘으면 안 마시던던 술을 마시게 되고, 열 명 넘으면 밤에 잠이 안 온다는 말이 있을 정도다. 초기 사업 특성상 보수를 넉넉히 줄 수 없기 때문에, 더더욱 대표의 설득력이 중요하다. 사람을 모르면 사업과 경영은 불가능하다.


셋째, 언행일치 마인드다. 창업가는 자기가 뱉은 말에 책임을 질 줄 알아야 한다. 자기가 한 약속을 어김없이 지키는 사람 주위에는 저절로 사람들이 모이고 기회가 따라온다. 반면에 약속을 지키지 않고 말과 행동이 따로 노는 사람은 신뢰를 잃고 하던 일도 잃게 된다. 미국 뉴욕엔젤투자자협회 회장으로서 수많은 벤처기업에 초기 투자를 한 브라이언 코헨도 능률적인 창업자들의 공통적인 특징으로 '약속을 지킨다'를 꼽았다.

생각한 대로 말하고, 말한 대로 실천하기. 이것은 모든 사람에게 말처럼 쉽지만은 않은 도전이다. 창업을 꿈꾼다면, 성공하는 사업가가 되기를 바란다면, 언행일치부터 연습하자. 매일 작은 목표를 세우고 실행에 옮기며, 실행력을 키우자. 그러다 보면 신뢰받는 리더, 모두가 함께 일하고 싶어하는 창업가가 되어 있을 것이다.

# 사업가
# VS 벤처기업가

## 내가 하고 싶고, 할 수 있는 것을 하면 사업

지금까지의 내용을 전부 다 읽었는데도 여전히 창업을 해야겠다는 생각이 드는가? 좋다. 그렇다면 이제 본격적인 창업 준비에 나서자.

창업에는 두 갈래 길이 있다. 하나는 일반적 사업의 길이고, 또 다른 하나는 벤처 사업의 길이다. 두 개는 언뜻 비슷해 보이지만, 사실 완전히 다르다. 자금 조달, 성장 전략, 수익 배분 등 모든 면에서 다르다. 두 길이 뚜렷이 다른데도 헷갈려서 잘못된 길에 들어서는 경우가 의외로 많다.

일반적 사업에 속하는 일을 하려는 사람이 벤처 투자자를 만날 필요는 없다. 반대로 일의 규모가 커서 벤처 사업 쪽으로 방향을 틀어야 하는데, 계속 일반 사업체에 머물면 일의 진전이 없다. 귀중한 돈과 시간을 낭비하지 않으려면, 본격적 액션을 취하기 전에 내가 하고 싶은 것이 어느 쪽에 속하는지부터 살펴보자.

먼저, 일반적 사업이란 무엇일까? 대체로 '하고 싶은 것'에 속하는 일이다. 옷, 안경, 가구 등의 물건을 만들어 파는 것 또는 로펌이나 세무법인, 회계법인처럼 어떤 서비스를 해주고 돈을 받는 것이다. 이처럼 자신이 할 수 있는 서비스, 만들고 싶은 제품을 만들어서 판매하는 행위를 일반적 사업으로 본다.

사업 자금은 창업자 본인이 가지고 있던 돈과 대출 또는 정부 지원금으로 충당한다. 여기서 반드시 기억해야 할 점은 일반적 사업의 경우에는 '대출'을 받아야지, '투자'를 받지는 못한다는 것이다. 일반적 사업의 창업가는 스스로 자금을 마련해 사업을 하고, 그로부터 벌어들인 이윤을 자신이 갖거나 구성원들에게 나눠준다. 이윤이 더욱더 커지면, 차곡차곡 모아서 사업체의 몸집을 키울 수 있다.

초기 사업자는 대부분 은행에서 대출을 받을 수 없다. 은행은 신용이 쌓인 사업자를 대상으로 거래하기 때문에 스타트업을 갓 시작한 창업가에게 돈을 빌려주지 않는다. 초기 사업자가 이용할 수 있는 건 소상공인시장진흥공단, 중소벤처기업진흥공단, 창업진흥원 등의 각종 융자 프로그램이다. 몇몇 정부 산하 기관에서는 국가 예산으로 소상공인에게 직접 대출을 해주기도 한다.

또 이용할 수 있는 것이 신용보증기금과 신용보증재단중앙회의 보증 지원이다. 이런 기관들은 담보력이 약한 사업체에게 보증서를 발급해주는 방식으로 보증을 서준다. 예를 들어 기관이 1억 원 보증서를 발급해주면, 그것을 가지고 은행에서 1억 원 대출을 받을 수 있다.

이렇게 받은 돈은 빌린 것이므로, 이자와 원금을 갚아야 한다. 일반적 사업을 하는 창업가는 대출금을 갚아야 하는 의무를 지니되, 수익을 나눠줄 필요는 없다. 사업 규모를 키우든, 다른 업종에 진출하든 원하는 대로 하면 된다.

## 파괴적 혁신, 어마어마한 수요가 있다면 벤처

다음으로, 벤처는 무엇일까? 사람들은 일반적 사업과 벤처의 규모 차이를 '동네에서 1등이면 사업이고, 세계에서 1등 할 수 있으면 벤처다' 하고 빗대어 표현하곤 한다. 한마디로, 고객이 눈앞에 보이는 유한한 수준이라면 일반적 사업이고, 그것을 뛰어넘어 세계적으로 어마어마한 수요층이 존재한다면 벤처라고 볼 수 있다.

벤처는 대체로 첨단 기술을 바탕으로, 기존 방식을 뒤엎고 새로운 것을 도입하는 파괴적 혁신을 이룰 수 있는 사업을 말한다. 수요가 분명히 있고, 수요를 지닌 고객의 규모와 고통, 즉 페인 포인트(Paint Point)가 클 때 벤처가 될 수 있다.

이런 벤처기업은 창업가 혼자서 꾸려나갈 수 없다. 연구 개발과 제품 또는 서비스 실현에 엄청난 자본과 인력이 투입되어야 하기 때문이다. 그래서 벤처기업은 대출 아닌, 투자를 받는다. 투자자는 돈을 못 돌려받을 걸 감수한다. 그 기업이 폭발적 성장, 대박 날 가능성이 보이기 때문에 투자한다. 그리고 실제로 그런 일이 실현되었을 경우, 큰 이득을 얻을 수 있다. 한마디로 고위험, 고수익 투자다.

우리 회사가 투자한 벤처기업 중에 폐플라스틱을 재사용할 수 있는 TPA(테레프탈산) 소재로 만드는 기업이 있다. TPA 시장은 우리나라에서만 수조 수준이고, 전 세계 5위 안에 들어갈 만큼 거대한 규모를 이룬다. 사람들이 날마다 플라스틱 제품을 쓰고 버리는 한, 이 시장은 계속해서 성장할 것이다. 기후 위기를 넘어서 기후 재앙이 닥치고 기업들도 ESG 경영에 돌입한 지금, TPA 기술은 무조건 만들어져야 하고 만들기만 하면 전 세계에서 쓸 것이다. 바로 이런 커다란 문제를 해결하는 일이 벤처 사업이다.

만약 당신이 하려는 일이 규모가 크고, 수요층이 어마어마하며 고통의 크기도 크다면, 벤처를 하면 된다. 구체적인 사업 계획과 시장의 크기, 고객의 지불 가능 비용 등으로 자료를 만들어 벤처 캐피탈에 찾아가면 된다. 우리나라 벤처 캐피탈은 지난 10년 동안 크게 성장했다. 좋은 벤처 캐피탈이 많으니, 협회 홈페이지에 소개된 연락처를 통해 여러 투자자들을 만나보길 권한다.

## 벤처 창업가들이 빠지기 쉬운 함정

얼마 전에 틱톡에서 화제가 된 영상이 있다. '블루투스 수도꼭지'라는 제목의 영상인데, 허공에 뜬 수도꼭지에서 물이 콸콸 쏟아지는 모습이 담겼다. 실제로 가능한 일일까? 당연히 아니다.

벤처 투자자로서 이런 블루투스 수도꼭지를 만들겠다는 창업가들을 많이 만나보았다. 하나같이 대단히 획기적인 사업이고, 어마어마한 고객이 숨어 있다고 하지만, 사실은 애초에 실현 불가능하거나 고객을 찾아보기 어려운 것이었다. 왜 많은 벤처 창업가들이 이런 허무맹랑한 일을 벌일까? 함정에 빠졌기 때문이다.

사람이 어떤 일에 꽂히면 그것이 세상에서 가장 옳고 시급한 일이라고 스스로를 설득하고 세뇌하게 된다. 어느 순간, 거대한 고객이 숨어 있는 일이 되는데 막상 뜯어보면 고객이 별로 없는 경우가 많다. 고객이 없는데, 만들겠다고 하는 것이다.

함정에 빠지지 않으려면 자신의 생각과 구상을 하나하나 확인하는 과정이 필요하다. 정말 실현 가능한 아이디어인지, 그것을 필요로 하는 고객이 얼마나 되는지, 수익을 어느 만큼 낼 수 있고, 그것을 어떻게 투자자에게 돌려줄지, 모든 내용을 최대한 객관적으로 수치화해서 측정해보아야 한다. 나도, 남도 납득할 만한 계획이 수립되어야 투자를 받을 수 있고 팀도 구성할 수 있다는 점을 꼭 기억하길 바란다.

# 돈을 모르고
# 성공한다는 건 헛소리?

## 돈 = 선택의 가능성

자금을 수혈한다는 말을 들어보았는가? 종종 뉴스나 신문기사
에 나오는 표현이다. 수혈이란 피가 모자라거나 병든 사람에게 건
강한 사람의 피를 집어넣어, 다시 생기를 얻도록 하는 일이다.

사업에서 돈은 피와 같다. 사업체가 숨을 쉬고 움직이고 자라나
려면 매일, 매순간 필요한 것이 바로 돈이다. 그 어떠한 꿈, 원대한
목표, 사회에 기여하고 싶은 열망도 돈이 있어야 실현 가능하다.
창업가는 이처럼 중요한 돈을 대체 어떻게 바라보아야 할까?

창업가는 창업에 나서기 전에 돈을 명확하게 이해해야 한다. 모
든 일, 더더욱 사업은 돈으로 움직이기 때문에, 그 사업을 이끄는
창업가가 돈을 잘 알고 운용할 줄 알아야 사업을 성장시킬 수 있

다. 한인 기업 최초 글로벌 외식 그룹을 일군 수천억 원대 자산가 김승호는 '돈은 인격체이기에, 함부로 하는 사람에겐 다가가지 않는다'고 강조한다. 또한 투자의 대가 워런 버핏은 으뜸가는 투자 철칙으로 '돈을 잃지 말 것'을 꼽는다. 이처럼 큰 영향력을 지닌 부자들은 돈을 대하는 자기만의 기준과 소신을 가지고 있다.

나는 돈이란 선택의 가능성을 주는 것이라고 생각한다. 돈에 대한 첫 기억은 초등학교 5학년 무렵으로 거슬러 올라간다. 그때 나는 어떤 운동화가 무척 갖고 싶었다. 우리 집은 가난했는데 그 운동화는 10만 원 정도로 꽤 비쌌다. 그래서 학교 가는 길에 있는 신문 배달소에 들어가서, 일하고 싶다고 말했다. '너무 어려서 안 돼' 하고 거절하는 사장에게, 할 수 있다고 우겨서 석간신문 배달을 하게 되었다. 힘들지만 나름 재미있게 한 달 반 정도 일했다. 그리고 우여곡절 끝에, 일한 대가로 10만 원을 손에 쥐었다. 드디어 운동화를 살 돈을 갖게 되었다.

하지만 이때 예상치 못한 문제가 생겼다. 부모님이, 힘들게 번 돈인데 운동화 구입에 몽땅 쓰지 말고 3만 원만 떼어서 운동화 사고 남은 돈은 다른 곳에 쓰라고 나를 말린 것이다. 마음속에서 분노가 일었다. 내가 원하는 게 있어서 스스로 일해 번 돈인데, 마음대로 쓰지 못하게 막으니 무척 화가 났다. 내 손으로 일해서 원하는 걸 얻으려던 나의 첫 도전은 쓰라린 실패와 좌절로 끝났다.

그 전부터 돈이 선택할 수 있게 해준다는 사실은 어렴풋이 인지하고 있었다. 어릴 적 친구들이 매일 100원, 300원 용돈을 받을 때 나는 돈이 없어서 친구들의 용돈을 나눠 쓰곤 했다. 오락실에서 친구가 200원을 쓰고, 내게 100원을 주면 그 돈으로 함께 오락을 했다. 만약 친구가 돈을 안 주면 옆에서 지켜볼 수밖에 없었다. 친구의 선택에 따라서 오락을 할 수 있느냐 없느냐가 결정되었다. 그때 돈이라는 건 무언가를 선택할 수 있게 해주는구나, 돈이 없으면 선택의 가능성 자체가 차단되는구나, 하는 사실을 깨달았다.

선택할 수 있는데 안 하는 것과 선택할 수 없어서 못 하는 것은 완전 다르다. 나는 선택할 수 없어서 서러웠기에, 지금도 선택할 수 있기 위해서 돈을 벌어 모으고 있다.

## 돈은 노력하면 벌 수 있다

운동화 사건 이후로, 나는 선택하는 자리에 서기 위해 노력했다. 중학교 3학년 때 건설현장 잡부로 일하면, 또래 친구들의 알바 일당의 4~5배를 벌 수 있다는 사실을 알았다. 그래서 잡부로 일하면서 돈을 벌고 원하는 것을 선택하여 누리는 삶을 살기 시작했다. 노동의 최대 가치를 거머쥐기 위해, 학생들이 흔히 하는 알바보다는 거칠고 고되지만 보수가 높은 일을 택했다.

고등학생 때에는 아예 학교를 그만두고 집에서 나와 자취하면서 술집 서빙이나 배달 일을 하면서 돈을 벌었다. 그러는 동안, 돈은 노력하면 벌 수 있다는 깨달음을 더욱 깊이 새길 수 있었다. 내가 필요한 게 있으면 벌어서 그걸 사면 되는 거였다. 돈은 선택의 가능성을 넓혀주었다. 그리고 선택하여 경험하는 만큼 나의 시야는 넓게 트였다. 그러면 더 많은 가능성이 눈에 들어왔다.

이제 와서 돌이켜보면, 사고 싶은 운동화를 사지 못한 데서 생겨난 결핍이 돈의 가치와 가능성에 눈을 뜨게 해준 것 같다. 내게 돈이란 선택할 수 있는 기회이며 가능성이고, 내 노력에 따라서 충분히 얻을 수 있는 것이다. 그래서 우리 회사 직원들에게나, 벤처 투자를 받기 위해 찾아온 창업가들에게나 돈의 가치를 강조한다. 돈은 내가 원하는 선택을 할 수 있게 한다. 돈은 긍정적으로 나의 앞날을 바꿀 수 있는 가능성을 준다. 사업으로 성공하고 싶다면, 돈부터 공부하자.

# 남의 돈도
# 내 돈만큼 소중하다

## 투자, 어떻게 받을 수 있을까?

나에게 컨설팅을 의뢰하기 위해 찾아오는 사업가들이 가장 궁금해하는 것은 '어떻게 해야 투자 받을 수 있나' 하는 것이다. 창업을 준비하는 단계에서든, 한창 진행 중인 시점에서든, 사업의 모든 순간에는 돈이 얽혀 있다. 능력 있는 창업가는 돈이 마르지 않게 하는 역할을 잘하는 사람일 것이다.

벤처 투자자는 사업계획서, 재무제표 같은 서류만 보고 투자할 기업을 선택하지 않는다. 물론 그런 것들도 보지만, 수년간 투자자로 일하면서 깨달은 건 결국 사람을 보아야 한다는 것이다. 자기가 뱉은 말에 무조건 책임을 질 줄 아는 언행일치의 사람인지를 가장 중점적으로 본다. 모든 벤처 투자자가 심사숙고 끝에 투자할 기업을 고르지만, 안타깝게도 그 기업들 가운데 성공하는 건 극소수다.

2022년 과학기술정책연구원 자료에 따르면, 신생기업의 1년 생존율은 64.8퍼센트, 5년 생존율은 33.8퍼센트다. 이 가운데 벤처 성공률은 더더욱 낮다. 창업 이후 성장 단계를 거쳐 상장까지 성공한 스타트업 벤처기업은 전체 중 0.7퍼센트 정도에 불과하다.

이런 실정인데도 벤처 투자자는 계속 존재하며, 기업들에게 투자를 계속한다. 왜 그럴까? 성공했을 때 수익률이 어마어마해서 모든 손실을 메우고도 훨씬 남을 정도이기 때문이다.

벤처 투자자는 정말 죽을 확률이 높은, 분명 꽃을 못 피울 것 같은 기업만 거르고 되도록 많은 씨를 뿌린다. 씨를 뿌릴지 말지의 기준은 대개 창업가의 자질에 달려 있다. 수년간 내가 벤처 투자자로 일하면서 체득한 '안 될 것 같은 창업가'의 특징을 참고해, 이것의 반대로 하면 성공할 승산이 있다고 봐도 좋을 것이다.


### 돈을 모르면서 어떻게 돈을 버나

첫째, 돈이 귀한 줄 모르는 창업가는 거른다. 여러 창업가들을 만나서 얘기를 나누다 보면 돈의 가치를 잘 모르는구나, 싶은 사람이 있다. '이 정도 투자는 당연한 것 아니에요?' 하는 식의 질문을 던지는 사람이다.

이런 사람은 돈을 스스로 벌어본 경험이 별로 없는 경우가 많다. 돈 자체의 귀함을 모르는 것이다. 100원 1,000원에 얼마나 많은 사연과 아픔이 깃들어 있는지 잘 모르기 때문에 제대로 쓸 줄도 모른다. 앞서 말했듯, 사업은 돈으로 굴러가는 것인데, 돈을 벌어 본 적도 잘 쓸 줄도 모르는 사람이 하는 사업이라는 건 실패할 수밖에 없지 않을까?

둘째, 돈이면 다 될 것처럼 말하는 창업가는 거른다. '투자만 받으면 개발자 뽑아서 프로그램 만들 수 있어요', '돈만 있으면 제품 만들 수 있어요' 하는 창업가들이 의외로 많다. 하지만 이렇게 말하는 사람들이 돈이 있는데도 계획대로 실현하지 못하는 경우를 수두룩하게 봤다.

창업에는 돈이 필요하지만 돈만 있다고 다 되는 건 아니다. 돈은 착실한 창업가의 촘촘한 계획과 꿋꿋한 실행력을 만났을 때에야 비로소 빛을 낸다.

결론을 내려보자면, 결국 돈의 속성과 가치를 아는 창업가만이 투자를 받을 수 있고 성공도 할 수 있다. 대부분의 창업가는 돈을 필요로 한다. 국가의 지원금이든, 대출금이든, 투자금이든, 결국 '남의 돈'이 있어야 창업을 준비하고 사업도 제대로 성장시킬 수 있다. 그러므로 창업 성공을 꿈꾼다면, 돈을 공부해야 한다. 남의 돈도 내 돈처럼 소중히 여기고, 그 가치를 꽃피울 줄 아는 창업가가 성공할 수 있다.

독일의 사업가이자 투자자로 억만장자의 대열에 올라선 랄스 빈트호르스트는 이렇게 말했다.

"사업은 돈 버는 것일 뿐, 다른 아무것도 아니다."

# 영업의 고수에게서 배운
# 성공 비결

## 필요한 자에게 제안하고 설득하라

앞서 언급했듯, 나는 고등학교 때 자퇴를 했다. 그리고 검정고시로 고등학력을 인정받고 수능을 본 뒤, 서울 변두리의 잘 알려지지 않은 대학교에 입학했다. 대학교 졸업은 하지 않았다. 군대에서 전역한 뒤, 바로 취직했다. 그리고 첫 직장에서 내 인생의 스승을 만났다. 그 스승에게서 인간관계와 일, 삶 전반에 걸쳐 적용할 수 있는 소중한 가르침을 받았고, 그때 얻은 깨달음 덕분에 삶을 보다 재미있고 진취적으로 개척하며 성장할 수 있었다.

그 스승을 '강 팀장님'이라고 부른다. 처음 만났을 때로부터 거의 20년이 지났지만, 호칭은 똑같다. 내 인생의 유일한 팀장님이시자, 진정한 어른인 그 스승에게서 내가 무엇을 배웠는지 비결을 공개하려고 한다. 이것을 잘 읽고 소화한다면, 분명 스타트업 창업과 성공에도 큰 보탬이 될 것이다.

강 팀장님에게서 배운 것은 두 가지로 축약할 수 있다. 하나는 영업, 또 하나는 선택이다. 먼저 영업에 대해 무엇을 배웠는지 알려주겠다.

영업이란 무엇일까? 흔히 물건 파는 행위를 영업이라고 본다. 하지만 사전에서 찾아보면 '영리를 목적으로 사업 업무를 수행하는 것'이라고 나온다. 그렇다면 사업이 곧 영업이라고 볼 수도 있지 않을까? 1인 기업가이자 변화경영연구소의 소장으로 있었던 구본형은 '모든 게 영업'이라는 유명한 말을 남겼다. 그는 신참 영업사원 시절에 고객에게서 들은 "안 살려고 했는데 당신 때문에 구입합니다"라는 말 덕분에 새로운 목표와 욕심을 가지게 되었다고 말했다.

나 또한 강 팀장님의 가르침 덕분에 영업을 전혀 다른 눈으로 보게 되었다. 영업이 누군가에게 힘들게 부탁해야만 하는 일이 아니라, 무척 재미있고 멋있는 일이라는 사실을 깨달았다. 그때 내 나이는 24살, 인터넷 강의 회사의 전화 영업사원이었다.

강 팀장님이 나와 동료에게 자주 들었던 비유가 있다. 만약 누군가가 길에 나와서 서 있는데, 택시 기사가 지나가다 혹시 손님일까 싶어 차를 세웠다. 그런데 손님이 아니었다. 이때 택시 기사의 자존심이 상했을까? 전혀 아닐 것이다. 자신은 할 일을 했을 뿐이고, 타고 안 타고는 그 사람의 선택이다. 강 팀장님은 무언가가 필요해 보이는 사람에게 그것을 제안하는 일이 영업이며, 그것은 굉장히 숭고하고 꼭 필요한 일이라고 했다. 그런 일에 감정을 대입할 필요는 없다고, 자존심 상할 필요가 없다고 강조했다.

그 얘기를 듣고 '정말 그렇구나' 하고 깨달았다. 필요 없는 사람에게 제발 좀 사주세요, 하는 건 서로가 몹시 피곤해지는 일이다. 그러나 뭔가가 필요해 보이는 사람에게 '이것 필요하세요?' 하고 묻는 건 적절한 일이다. 어떠한 것이 필요해 보이는 사람에게 그것을 제안하는 일, 이게 바로 영업의 기본이다.

강 팀장님은 여기에서 한 단계 더 나아가는 것이 설득이라고 했다. 상대가 필요하지 않다고 느끼는데 영업사원인 내가 보기에 필요해 보일 때, 설득할 수 있다. 왜 그것이 필요한지, 구체적으로 어디에 도움이 되는지를 최선을 다해서 설명하는 것이다. 내 설득에 납득하지 못한 고객은 어쩔 수 없지만, 납득이 된 고객은 내게 무척 고마워한다. 이런 고객들을 만나면서 나는 소비자가 생각보다 똑똑하지 않으며, 많은 사람이 스스로에게 무엇이 필요한지 모른다는 아주 중요한 사실을 깨달았다.

강 팀장님에게서 영업의 본질을 배운 뒤, 영업이 재미있어졌다.

다른 사람에게 제안하고 설득하고, 내 설득에 납득이 된 고객이 내게 신뢰를 표현할 때 기분이 무척 좋았다. 신나게 영업했더니, 자연스럽게 실적이 쭉쭉 올라서, 10개월 차에 팀장으로 승진하고 나중에는 실적으로 전국 1등도 여러 번 차지했다.

## 선택을 많이 해서, 직관과 통찰력을 기르라

두 번째 가르침은 선택에 관한 것이었다. 나는 원래 무언가를 선택하기 전에 엄청 고민을 했던 사람이다. 만약 핸드폰 케이스를 사야 한다면, 몇 시간 동안 인터넷 쇼핑몰을 들여다보면서 가격을 비교하고 리뷰를 수십 개씩 읽고 나서야 겨우 구매하는 식이었다. 그렇게 해서 3,000원, 1만 원을 다른 사람보다 싸게 구입했을 때에는 환호성을 질렀다. 2만 원짜리 사는 데 3시간이나 썼으면서 말이다.

그런 나를 지켜본 팀장님이 어느 날 물음을 던졌다.

"네가 고객에게 전화 영업할 때에는 시간이 아깝습니다, 빨리 결정하세요, 지금 하세요, 하면서 너는 왜 그렇게 안 하니? 너는 시간의 가치를 알고 있니? 무엇 하나 할 때마다 좋은 선택을 하려고 고민하는 데 시간을 너무 오래 쓰고 있지 않니?"

그때 망치로 머리를 맞은 듯한 충격에 휩싸였다. '어, 그러네. 내가 선택을 잘한다고 생각했는데, 그저 오래 했을 뿐이네.' 좋은 선택을 하기 위해 긴 시간을 들여 노력했기 때문에, 그 선택이 좋아 보였다. 하지만 따져보니 시간 대비 얻은 것이 적은, 비효율적인 선택일 뿐이었다.

그 뒤로는 거의 즉흥적으로, 되도록 짧은 시간 안에 선택했다. 다른 사람에게 '이거 좋아? 괜찮아?' 하고 묻지 않았다. 그냥 괜찮을 것 같으면 하고, 안 괜찮을 것 같으면 안 했다. 고민하지 않고 선택했더니 더 많은 선택을 할 수 있었다. 그러다 보니, 뭐가 안 좋은 선택인지 알아서, 하지 말아야 할 것들이 내 안에 쌓여갔다. 물어봐서 얻은 지식이 아닌, 실제로 해봐서 알게 된 노하우는 전적으로 나의 것이 되었다.

창업가는 선택할 것이 너무 많다. 날마다, 매순간, 선택해야 할 것이 산더미처럼 쌓여 있다. 게다가 모두 나름대로 중요한 것들이어서 섣불리 선택하면 안 될 것 같다. 고민은 깊어지고, 스트레스가 쌓여, 어느 순간 폭발하게 될지도 모른다. 아무것도 선택하지 못한 채로 말이다.

그런 창업가에게 해주고 싶은 말은, 선택을 많이 해보라는 것이다. 일을 본격적으로 시작하지 않았을 때, 준비 단계라면 더욱 좋다. 많은 선택을 하면, 많이 실패하게 된다. 그러면 어느 것이 나쁜 선택인지 알게 된다. 나는 선택과 실행을 계속 반복하면서, 두려움이 많이 희석된 것을 느꼈다. 무언가를 실행하기 전에는, 모두가 두렵고 망설여진다. 할까, 하지 말까 고민하면서, 하지 않아도 되도록 스스로를 설득할 때가 있지 않은가? '지금은 때가 아니야, 무리야, 돈도 없고…' 하면서 말이다.

그러나 적어도 창업을 꿈꾼다면, 마음에 떠오른 것을 하는 쪽으로 선택했으면 좋겠다. 선택과 실행의 반복을 통해 나쁜 길은 거르고 좋은 쪽을 선택하는 선택력을 기르기를 바란다. 앞으로 거친 정글 같은 비즈니스 현장에서 살아남으려면 좋은 선택을 할 줄 아는 능력은 꼭 필요하기 때문이다.

# 동료는 결혼만큼 중요하다

## 고독한 헐크보단 어벤져스가 낫다

지금까지 본격적인 창업에 나서기 전에, 생각하고 실행해보면 좋을 것들을 살펴보았다. 먼저 자기 자신을 성찰하고 창업에 성공할 만한 자질, 곧 도덕성과 사람에 대한 이해력, 언행일치 마인드를 갖췄는지 점검해야 한다고 했다.

또한 자기가 이루려는 일이 제품과 서비스를 만들어 제공하는 일반적 사업에 속하는지, 첨단 기술을 바탕으로 파괴적 혁신과 성장을 할 수 있는 벤처에 속하는지 알아야 한다고 했다. 이 두 가지는 사업을 준비하고 실행하며 성장하는 방식이 매우 다르기 때문에 반드시 구분해야 한다.

그리고 돈 개념을 공부해 그 가치를 깨닫는 것, 제안과 설득이라는 영업 기술, 많은 선택과 실행을 통해 좋은 선택력을 기르는 것 또한 중요하니 모두 반드시 실천해 잘 준비된 창업가가 되기를 바란다.

위와 같은 것들이 어느 정도 갖추어졌다면, 이제 필요한 건 동료다. 요새 '나 홀로 창업'도 많아지는 추세지만, 나는 창업하려면 동료가 꼭 필요하다고 생각한다. 돈은 없어도 동료는 있어야 한다. 그 유명한 애플도, 구글도, 마이크로소프트도 두 명이 힘을 합쳐 일궈냈다. 물론 혼자 힘으로 창업해 손꼽히는 기업으로 성장시킨 창업가도 있다. 하지만 아무래도 혼자보다는 둘이, 또는 서너 명이 함께 팀을 이루어 창업하는 것이 낫다고 생각한다.

왜냐하면 초기에 아무것도 되어 있지 않은 상태에서 새로운 제품을 만들어 판매하고 회사를 운영하는 건 너무 힘들기 때문이다. 정신적 스트레스도 많을 수밖에 없는데, 이것을 나눌 동료가 있다면 훨씬 견뎌내기가 수월해진다. 이 밖에도 여러 가지 이유가 있어서, 나는 창업가에게 혼자보다는 동료를 구해서 함께 시작하기를 권하는 편이다.

## 나와 같은 컬러, 결이 맞는 사람을 찾으라

그렇다면 창업 동료는 어떤 사람이 좋을까? 어마어마하게 잘 풀리는 창업 팀 중에는 엇비슷한 개발자들끼리 모인 팀도 있고, 빨주노초파남보 무지개 색깔처럼 서로 완전 다른 사람들이 모인 팀도 있다. 어느 쪽이 좋을지는 각자 판단할 일이지만, 나에게 만약 조언을 구한다면 비슷한 사람들끼리 팀을 구성하라고 말하겠다.

창업 초기는 사업의 기반을 다지고, 기본적인 틀을 세우는 때이다. 사업체의 색깔과 문화가 만들어지는 시기이기도 하다. 그렇기 때문에 오랫동안 같이 시간을 보내게 된다. 그런데 만약 식성이나 취미가 너무 다르다면 어떨까? 나는 술을 좋아하고 마시면서 얘기하는 것을 즐기는데, 상대방은 술을 한 방울도 못 마신다면 어떨까? 아무래도 의사소통의 문제가 생기기 쉬울 것이다.

창업 첫 단계를 민물 생태계에 빗대어 이야기하기도 한다. 강이나 냇가에는 대개 종류와 크기가 비슷한 민물고기들이 모인다. 그 물고기들이 덩치가 커져서 바다로 나오게 되면, 온갖 생김새의 물고기들을 만나고 더불어 살아가게 된다. 사업체가 작은 냇가에서 강으로, 바다로 성장하게 되면 그때에는 창업가가 서로 뚜렷이 다른 결을 지닌 구성원들을 두루 담아낼 만한 그릇이 되어야 한다. 그러나 처음에는 민물고기끼리 모이는 게 자연스럽다.


나와 잘 맞는 창업 동료를 만나는 일은 결코 쉽지 않다. 삼고초려까지는 아니더라도, 내가 할 수 있는 최선의 노력과 최고의 전략을 펼쳐야 마음이 서로 통하는 동료를 얻을 수 있다.

만약 지금 창업 동료를 찾고 있다면, 자신이 하고자 하는 사업의 내용과 비전, 희망하는 동료의 조건이나 기준 등을 명확히 정리해보자. 그런 다음 평소 잘 알고 지내던 친구이든 믿을 만한 지인이 소개해준 사람이든, 되도록 여러 사람을 만나보자. 그 가운데 나의 가치관과 목표에 공감하고, 나와 결이 맞는 사람이 있는지 열심히 찾아보자.

간혹 우리 회사에 벤처 투자를 받기 위해 찾아온 창업가들 중에서, 동료를 구해 오라고 했더니 구인구직 사이트를 통해 채용한 직원을 데려오는 사람들이 있다. 직원은 창업 초기 팀의 구성원으로 알맞지 않다. 사업을 이제 막 시작한 단계에는 주어진 일만 책임지면 되는 직원보다, 하나의 목표로 똘똘 뭉칠 수 있고 상황에 따라 여러 일에 투입될 수 있는 전우가 필요하다.

전우는 일방적 채용이 아니라 설득과 납득, 공감의 과정을 통해 얻을 수 있다. 창업에 성공하려면 나와 같은 뜻을 품고 한 배에 올라타 노 저어갈 동료가 필요하고, 그런 전우와도 같은 동료를 얻으려면 설득이라는 이름의 정성 어린 노력이 있어야 함을 꼭 기억하길 바란다.

# 공동창업을 하더라도,
# 대표는 한 명이 낫다

## 차가 커도 운전자는 한 명이다

앞서 창업 동료의 중요성을 설명했다. 만약 뜻이 잘 통하는 동료를 만났다면, 이제 목표를 향해 힘껏 나아가면 된다. 그런데 동료와 사업을 함께 시작하기 전에 꼭 해야 할 일이 있다. 바로 역할 분담과 지분율 설정이다.

스타트업을 마음 맞는 동료와 함께 시작하는 건 여러모로 이롭다. 하지만 '공동창업'은 또 다른 문제다. 대표자 한 명이 있고 그 대표자를 구성원이 따라가는 방식이 아닌, 동등한 권한을 갖는 대표자가 여러 명인 공동창업은 나중에 분쟁이 벌어졌을 때 조직이 와해될 가능성이 있기 때문에 위험하다.

이런 이유 때문에 투자자들은 대체로 공동창업 기업을 선호하지 않는다. 만약 그런 기업에 투자할 의향이 있다면, 대표자는 한 명으로 정하기를 요구한다. 대표자는 과반수 지분을 가져야 하고 공동창업자, 즉 코파운더는 그보다 적은 지분을 가져야 한다. 경우에 따라 주주 간 계약서에 '의무 종사 기간'을 명시하고, 그 기간을 채우지 못한 채 퇴사하게 되면, 남은 이에게 모든 지분을 넘겨주도록 하기도 한다.

단독 대표 체제가 유리한 까닭은 무엇일까? 선택을 잘해야 하기 때문이다. 특히 스타트업의 경우에는 하루에도 몇 번이나 중요한 선택의 갈림길에 서게 된다. 그럴 때마다 동일한 지분을 가진 창업 자들이 머리를 맞대고 상의해 결정할 수 있을까? 아주 중요한 사항을 결정해야 할 때에는 그럴 수 있겠지만, 그 밖의 대부분의 선택은 대표자가 알아서 해야 한다. '사공이 많으면 배가 산으로 간다'는 속담도 있지 않은가.

선택과 결정에 너무 많은 시간과 에너지를 쓰지 않기를 권한다. 선택은 대표자가 즉흥적으로, 직감적으로 하고 나머지 구성원은 각자 역할에 충실한 것이 훨씬 효율적이다. 대표자의 탁월한 선택 력은 많이 선택해볼수록 길러진다는 사실을 기억하자.

## 세상에 반반은 없다

단독 대표자를 정해 그에게 힘을 실어주는 것 외에도 스타트업 초기 창업 팀이 꼭 기억해야 할 것이 있다. 바로 '반반은 없다'는 점이다.

사람은 어떤 일을 남과 같이할 때 반씩 나눠서 하려는 경향이 있다. 100개, 200개 수량이 정해진 일이라면 그래도 되겠지만, 창업은 다르다. 두 명이든 세 명이든, 저마다 자신의 100퍼센트를 쏟아부어야 한다. 일단 그렇게 온 힘을 다해 매진하면서, 자신에게 잘 맞는 역할을 찾고 자연스레 분담이 이뤄지도록 해야 한다.

창업뿐 아니라 거의 대부분의 협업이 그런 것 같다. 결혼과 육아도 마찬가지 아닐까? 실제로 나는 신혼 초에 아내와 집안일 때문에 많이 다투었다. '네가 빨래하면, 나는 쓰레기 버릴게' 하는 식으로 자꾸만 일을 구분하고, 자신의 일이 아니면 절대로 하지 않겠다는 방식이 너무 싫었다. 그 모든 일을 결혼 전에는 혼자서 다 하지 않았는가? 왜 둘이 만나서 200이 되는 게 아니라, 50으로 쪼그라들려고 하는지 모르겠다.

나는 창업도 똑같다고 생각한다. 둘이서 하면 200, 셋이서 하면 300 이상이 되어야 한다. 여러 사람이 창업에 동참할 때의 장점은 일이 줄어드는 데 있는 게 아니다. 그 사람들 능력의 최대치를 한데 모아 시너지가 나도록 하고, 반면에 위험은 나눠 가질 수 있다는 데에 있다. 스타트업의 성공은 대표와 구성원들이 저마다의 위치에서 최선을 다할 때 비로소 가능하다는 사실을 절대 잊지 않기를 바란다.

# Ch.2

스타트업
스타트

# 아이디어가
# 사업이 되기까지

## '이게 왜 없지?' 하는 생각에서 사업이 시작된다

드디어 모든 준비를 마치고, 마침내 출항에 나설 때다. 스타트업을 시작하려면 무엇부터 해야 할까? 당연히 사업 아이템부터 정해야 한다. 어떤 제품 또는 서비스를 만들어서 고객에게 제공할지 결정해야 한다.

사업 아이템은 대체로 하나의 아이디어에서 시작되는 경우가 많다. 많은 스타트업 대표자들이 '이런 게 있으면 참 편리할 텐데 왜 없을까?' 하는 생각과 물음을 품고 창업에 나선다. 예를 들어, 2016년 한국신용데이터를 창업해 현재 기업 가치 1조 3,000억 원의 유니콘 기업으로 성장시킨 김동호 대표는 소상공인들이 매일 느끼는 불편한 상황에 의문을 가졌다. 소수의 대기업은 매출 관련

데이터를 잘 활용하는 데 반해, 우리나라 산업의 대다수를 짊어진 소상공인은 데이터를 거의 활용하지 못하는 실정이다. 김 대표는 이 문제를 해결하고자 소상공인 경영관리 서비스 '캐시노트'를 선보였고 지금은 전국 140만 개 사업장이 도입한, 명실공히 소상공인 대표 경영 플랫폼으로 자리매김하게 했다.

또 다른 예로 음악 투자 플랫폼 '뮤직카우'를 만든 정현경 대표의 경우를 들 수 있다. 1세대 벤처인이자 한때 작사가로도 활동했던 정현경 대표는 어느 날 저작권료의 지속적인 현금 흐름을 발견하게 되었다. '만약 저작권료의 흐름이 예측 가능하다면 금융 상품으로도 만들 수 있지 않을까? 왜 이런 게 없지?'라는 생각이 들어서 창업에 나섰고, 세계 최초 음악 저작권 거래 플랫폼을 개발하게 되었다. 현재 뮤직카우는 사용자 40만 명과 기업가치 약 1조 원으로 평가받으면서 IPO(기업 공개)를 앞두고 있다.

이들의 공통점은 어떤 문제와 상황을 발견했고, 거기서 사업으로 발전시킬 만한 아이디어를 얻었으며, 그 아이디어에서 진짜 사업을 탄생시켰다는 점이다.

## 모르면 배우고 검증하라

이들이 한 것처럼 아이디어를 사업으로 현실화하는 일은 얼핏 당연하고 자연스러워 보인다. 하지만 아이디어는 사업이 아니다.

씨앗이 땅속에서 싹이 되어 나오기까지 알맞은 물과 햇빛, 바람 등 수많은 조건이 충족되어야 하듯, 스타트업의 아이디어가 제품이나 서비스로 실현되려면 온갖 변수와 시행착오를 감내해야 한다.

그럴 각오가 되었다면, 맨 먼저 할 일은 내 아이디어가 맞는지 확인하는 작업이다. 내가 생각한 대로 제품이나 서비스를 구현해낼 수 있는지, 그 결과물이 고객에게 좋은 반응을 얻을 수 있는지 실제로 검증해보는 것이다.

검증의 첫 단계는 최소기능제품(Minimun Viable Product, 줄여서 MVP)을 만드는 것이다. 이것은 린스타트업의 핵심 기법이다. 린스타트업(Lean Startup)은 미국 실리콘밸리의 벤처기업가 에릭 리스가 개발한 것으로, 아이디어를 단기간에 최소기능제품으로 만든 뒤 시장 반응을 제품에 반영하는 것을 반복해 성공 확률을 높이는 경영 전략이다. 풀어서 설명하자면, 적은 돈으로 딱 필요한 기능만 있는 제품을 빠르게 만들어서 고객들에게 테스트하고 그 의견을 받아들이는 과정을 되풀이해 진짜로 고객들이 원하는 제품을 만들어내는 과정이다.

린스타트업으로 창업에 성공한 예는 아주 많다. 전 세계 숙박공유 서비스 에어비앤비는 창업자 두 명이 숙소를 찾지 못한 여행객에게 80달러를 받고 거실을 내어준 일에서 시작되었다. 이들은 거주 공간을 임대해 돈을 벌 수 있다는 사실을 발견하고, 재빨리 자신의 아파트 사진으로 간단한 웹사이트를 만들었다. 가족과 친구와 함께 테스트를 계속하면서 그 결과를 반영해 사이트를 발전시켜갔다. 점점 사용자가 늘어나자 예전 룸메이트였던 하버드 공대 출신의 천재 엔지니어 네이션 블레차르지크를 영입했고, 우여곡절 끝에 지금의 글로벌 기업으로 성장시켰다.

우리나라 사람이라면 모두 한 번쯤 이용했을 배달 플랫폼 배달의민족도 린스타트업으로 성공한 대표적인 사례다. 김봉진 대표는 스마트폰으로 음식점 정보를 찾거나 주문하기가 불편하다는 점에 착안해 창업에 나섰다. 초기에 김 대표는 음식점 홍보용 전단지를 끌어 모아서 관련 정보를 일일이 입력해, 핵심 기능만 있는 웹사이트와 앱을 만들었다. 그리고 이것을 통해 실제로 배달 서비스를 하면서 고객 행동 데이터와 피드백을 수집해 서비스를 개선해나갔고 마침내 국내 점유율 1위의 배달 플랫폼으로 성장시킬 수 있었다.

이처럼 성공적인 창업을 위해서는 창업가의 가설이 유효한지 최소기능제품으로 확인하고 수차례 수정하는 과정이 꼭 필요하다. 그런데 이 필수적인 과정을 생략한 채 투자나 지원을 받기 위해 노력하거나 스스로도 확신이 없는 상태에서 그저 고민만 반복하는 창업가들을 많이 접하게 된다.

아이디어에서 사업이 시작되는 건 맞지만, 아이디어만 가지고 사업을 할 수는 없는 노릇이다. 아이디어는 아이디어일 뿐, 싹을 틔우고 열매를 맺으려면 매순간 시도하고 검증하고 개선하면서 실질적인 성장을 이루어내야 함을 꼭 기억하길 바란다.

앞으로 2장에서는 창업가가 최소기능제품, 즉 MVP를 만들어서 고객 반응을 확인하고 개선해가는 방법, 검증 결과를 바탕으로 사업계획서를 작성하고 효과적으로 전달하는 요령, 고객 테스트를 하고 적정 가격을 정하는 방법, 제품을 만들어서 시장에 안착시키기 위해, 즉 제품시장적합성(Product-Market Fit, 줄여서 PMF)을 찾기 위해 알아야 하는 것들을 소개하려고 한다. 초기 창업가가 좋은 제품을 만들어 시장에 자리잡기까지의 과정은 험난하고 멀게만 느껴지지만, 끊임없이 배우고 실행하다 보면 언젠가는 분명 목표를 이룰 수 있을 것이다.

# 돈을 좇지 말고
# 고객의 고통에 집중하라

## 내 주변의 누가 고통받는가

창업을 하려면 맨 먼저 사업 아이템을 결정해야 한다. 적절한
아이템을 찾으려면 어떻게 해야 할까? 많은 전문가들은 사람들의
고통, 즉 '페인 포인트(Pain Point)'에 주목하라고 말한다. 사람들이
어디에서 고통을 받고 있는지, 몇 명이나 고통을 받는지, 고통의
정도는 얼마나 심한지, 고통을 일으키는 문제를 해결할 수 있는지,
만약 해결한다면 그 대가로 어느 정도를 지불할 수 있는지를 세심
하게 살펴보고 따져보아야 한다는 것이다.

우리가 일상에서 사용하는 여러 제품과 서비스도 그것들이 존
재하지 않았을 때 사람들이 겪었던 고통에 주목한 몇몇 사업가의
발견과 문제 해결에서 비롯되었다. 음식을 스스로 조리해서 먹기

힘든 사람들이 있어서 식당이 생겨났다. 그리고 식당에 찾아가서 음식을 먹기 어렵거나 포장된 음식을 찾으러 가는 일이 번거로운 사람들이 있어서 배달 앱이 생겨났다. 택배 서비스도, 가사 대행 서비스도 이런 식으로 생겨났다. 사람들이 지구에서 살아가는 한, 고통이나 문제는 계속 생겨날 것이고 그것을 해결하는 제품이나 서비스를 만들어 판매하는 사업가들도 계속해서 나타날 것이다.

나는 벤처 투자자로 일하면서 지금까지 1,000개가 넘는 창업 팀의 사업계획서를 검토했다. 책을 쓰면서 이 문서들을 다시 들여다보니 사람들의 '고통'보다는 문제의 해결 방법과 기술에 집중한 팀이 80퍼센트 이상이었다. 2015~2016년에는 '플랫폼'이라는 단어로 시장에 진입하겠다는 내용이 많았고, 2017~2018년에는 온라인과 오프라인이 결합하는 O2O(Online to Offline) 서비스가 유행처럼 번졌으며, 2019~2020년에는 빅데이터와 블록체인, 2021~2022년에는 비대면 서비스 관련 내용이 많았다.

물론 시장의 흐름을 알고 혁신적인 기술을 개발하는 것도 중요하다. 하지만 창업에 성공하려면 먼저 사람들의 고통과 요구 사항을 그들 입장에서 깊이 이해해야 한다. 그래야 그들이 직면한 문제를 해결할 수 있는 답을 제대로 내놓을 수 있기 때문이다. 사업 아이템을 탐색할 때에는 반짝이는 아이디어나 창업 트렌드에 주목하기보다, 먼저 사람들의 고통에 진득하게 다가서며 이를 똑바로 바라보아야 한다는 점을 꼭 기억하자.

## 불편을 넘어선 고통에 주목하라

사람들의 고통을 살펴볼 때 반드시 확인해야 할 것이 있다. 그것은 고통의 정도가 그것을 해결하기 위해 돈을 지불할 만큼에 이르는가 하는 점이다. 우리도 알다시피 살면서 느끼는 불편이나 괴로움은 참으로 여러 가지다. 어떤 것은 귀찮고 불편하긴 한데 굳이 돈을 써서 해결할 정도는 아니다. 반면에 어떤 문제는 너무 큰 고통을 불러일으켜서 그것을 해결할 수만 있다면 기꺼이 돈을 지불할 마음이 있다.

사업 아이템은 사람들이 느끼는 고통이 커서 돈을 지불할 만한 문제를 해결하는 것이어야 한다. 순수한 공익사업이 아닌 이상, 수익이 계속해서 생겨나야 사업을 지속할 수 있고 성장할 수도 있기 때문이다. 그러므로 사업 아이템을 찾을 때에는 사람들의 단순한 불편이 아닌, 고통을 잘 보아야 한다.

고객의 고통을 정확하게 포착하고 이를 해결한 모범 사례로 간호사 일정관리 앱 '마이듀티'를 꼽을 수 있다. 마이듀티 서비스를 제공하는 포휠즈의 정석모 대표는 간호사인 어머니가 근무일정표를 항상 사진으로 찍어서 보거나 종이로 된 출력물을 번거롭게 가지고 다니며 확인하는 것을 보고, 이 문제를 해결하면 어떨까 하는 생각을 가지게 되었다고 한다.

정 대표는 간호사 200명을 대상으로 설문조사와 인터뷰를 했고, 그 결과 간호사들이 일정표의 손쉬운 공유와 앱 안에서의 대화 기능을 원한다는 사실을 알아냈다. 처음에는 간단한 일정표 중심으로 출시된 마이듀티는 커뮤니티, 교육, 상담 등으로 서비스를 늘려갔고 현재 대만 등지에도 진출했을 뿐 아니라 간호 교육 관련 기관과 협력해 간호실습시뮬레이션 프로그램도 개발했다.

이러한 마이듀티의 성공은 정 대표가 어머니의 불편과 고통에 주목하면서부터 시작되었다. 아무도 나서서 해결하지 않지만, 수많은 사람이 괴로워하고 있는 바로 그 지점을 찾아내는 데에서부터 창업의 성공은 싹튼다.


고통을 살펴볼 때 또 유의할 점이 있다. 바로 고통은 수시로 변화한다는 점이다. 끊임없이 시대가 변하고 사람이 변하기 때문에 고통도 계속 바뀐다. 새로운 기술 개발, 제품 출시로 예전에는 분명 큰 고통이었는데 지금은 더 이상 고통이 아닌 문제들이 있다.

1년 365일 사람들로 북적이는 넓은 공항을 깨끗하게 청소하는 일은 수많은 노동력이 투입되어야 하는 무척 힘든 일이다. 그런데 최근에 인공지능 기반 무인 자율주행 청소로봇이 개발되어, 공항을 청소하고 있다. 몇 차례 테스트를 통해 안정적인 청소 능력을 인정받은 청소로봇은 앞으로 더 많이 사용될 예정이다.

이처럼 고통은 사라지기도 하고, 다시 새로운 모습으로 나타나기도 한다. 그러므로 창업가는 고통을 자주, 정기적으로 살피고 사업을 변화시켜야 한다. 사업은 살아 있는 유기체와도 같아서 끊임없이 가꾸고 성장시키지 않으면 쇠퇴하게 된다.

# 최소기능제품으로
# 타당성을 증명하라

## 뇌피셜은 위험하다

사람들의 고통을 확인한 뒤 그것을 해결할 수 있는 제품이나 서비스를 구상했다면, 다음 단계로 해야 할 것은 최소기능제품 제작이다. 최소기능제품은 말 그대로 창업가의 아이디어가 제품으로 실행 가능한 것인지 만들어본 것이다. 머릿속으로만 그린 사업 아이템을 현실화하기 위해서는 필수 과정이다.

그런데 이 과정을 건너뛰고 바로 사업계획으로 넘어가는 창업가들이 너무 많다. 그저 어림짐작으로 '이렇게 하면 될 거야', '우리나라 최초니까 크게 주목받고 불티나게 팔릴 거야' 하고 확신하면서 성큼성큼 다음 단계로 가버린다.

수많은 경영, 창업 전문가들이 최소기능제품을 반드시 만들어 확인하고 나서 사업계획을 해야 한다고 강조했는데도 안 하면 어쩔 수 없다. 큰돈과 엄청난 수고를 다해 만든 제품이 팔리지 않을 때, 야심차게 출시한 서비스 이용자 수가 제자리걸음 수준일 때, 그제야 후회하겠지만 이미 비싼 수업료를 치른 뒤다.

애플의 공동창업자인 스티브 잡스와 스티브 워즈니악도 맨 처음 개인용 컴퓨터를 만들겠다는 결심을 한 뒤, 재료를 구해서 손수 납땜해가며 애플1을 만들었다. 이들이 시중에 파는 칩과 보드를 활용해 만든 세계 최초의 개인용 컴퓨터는 정교한 장치나 세련된 디자인을 담고 있지 않지만 작동 가능했고, 그것으로 충분했다. 애플이 오늘날 전 세계의 수십억 사용자에게 사랑받는 초일류 기업으로 성장한 토대에는 이러한 두 창업자의 땀내 가득한 아이디어 검증 과정이 있었던 것이다.

### 직접 손으로 만들어 눈으로 확인한다

위 사례에서 알 수 있듯이 최소기능제품을 만들어서 타당성을 증명하는 과정은 결코 쉽지 않다. 그런데 많은 창업가들이 이 과정을 쉽게 생각하는 것 같다. 이 과정은 창업가가 오롯이 스스로 해야 한다. 혼자 모든 것을 할 수 있으면 하고, 못 하는 부분이 있으면 동료를 영입해서 맡겨야 한다. 중요한 점은 창업가가 전 과정에 주도적으로 참여해야 한다는 것이다.

　사실 최소기능제품을 만드는 과정은 단순 무식 그 자체다. 될 때까지 이 방법, 저 방법 써보는 수밖에 없다. 엄청난 시행착오를 겪으면서 창업가는 그 덕분에 돈 주고 살 수 없는 귀중한 노하우들을 깨닫게 된다. 중장기적 시점에서 보았을 때, 이러한 깨달음 덕분에 창업가는 자신의 사업 아이템이 지닌 문제점과 한계를 확실히 알 수 있게 되고 어디로 나아가야 할지 정확한 방향을 가늠할 수 있게 된다. 그렇기 때문에 창업가가 최소기능제품을 직접 제작하는 건 앞으로의 성장을 위해 무척 중요한 일이다.

　최소기능제품을 사용자들에게 전달하고, 그들과 소통하면서 피드백을 모으고 반영하는 것 또한 창업가가 스스로 해야 한다. 요즘은 SNS와 택배 서비스를 활용하는 창업가가 많은데, 나는 고객을 직접 만나봐야 한다고 생각한다. 내 손으로 만든 제품 또는 서비스를 사용해볼 사람들을 모집하고, 그 사람들에게 연락해 생생한 피드백을 들어야 확실히 문제점과 개선 방향을 깨닫게 된다. 창업가가 남에게 맡기지 않고 직접 아이디어 증명에 나서는 일은 비효율적이고 시간 낭비 같지만, 이것이야말로 성공으로 직행하는 지름길이라는 사실을 꼭 기억하기를 바란다.

## 잘 아는 분야에서의 창업이 유리한 이유

최소기능제품을 만들어 확인하는 단계가 남들보다 훨씬 수월한 경우가 있다. 바로 관련 분야에서 오랫동안 일해본 경험이 있는 창업가다. 이런 창업가는 현장에서 노하우, 인맥, 고객 피드백 등을 쌓아놨기 때문에 자신의 아이디어를 증명하는 일이 비교적 쉽다.

내가 아는 예로 선물의 층간 소음을 해결히는 사업에 나선 한 창업가가 있다. 이 창업가는 층간 소음 관련 업체에서 10년간 일한 전문가다. 오랫동안 일하면서 연구와 테스트를 거쳤기 때문에, 이 문제를 해결하는 사업 아이템을 최소기능제품으로 만들어 시장 반응을 살피기까지의 과정이 큰 어려움 없이 순조롭다.

필요한 인력을 데려오는 일도, 부품을 구입하는 일도 수월하게 이루어질 뿐더러 자신이 개발하는 제품을 누가 얼마에 살지도 구체적으로 계산할 수 있다. 이런 창업가의 사업계획은 확실하고 탄탄하기 때문에 투자를 받을 가능성도 크다. 단순히 층간 소음이 짜증나니까 해결해보겠다는 심산으로 창업에 나선 사람의 여정과는 비교가 안 될 만큼 쉽다.

그러므로 창업 아이템은 자신이 잘 알고 경험해본 분야에서 찾아보는 것이 좋다. 어차피 모든 창업가는 수많은 실패를 경험하고 다시 계획을 수정해 나아가는 일을 반복할 수밖에 없지만, 몸으로 부딪쳐서 경험을 쌓은 분야에서라면 넘어져도 금세 붙잡을 수 있는 버팀목을 발견하게 된다. 《데이터는 어떻게 인생의 무기가 되는가》(세스 스티븐스 다비도위츠 지음, 더퀘스트 펴냄)에는 네 명의 경제학자가 연구한 자료가 나와 있는데, 이들에 따르면 창업자가 자신이 창업한 분야에서 일한 경험이 있을 경우에 회사를 크게 성공시킬 가능성이 두 배나 커진다고 한다.

# 한 방은 없다!
# 고객 테스트는 충분히 하라

### 확인, 또 확인해야 한다

앞서 썼듯이 최소기능제품을 만드는 이유는 내가 구상하는 제품이 정말로 실현 가능한 것인지 알아보기 위함이다. 또한 그 제품을 세상에 내놓았을 때, 얼마나 많은 사람들이 어느 만큼의 돈을 지불하고 사용할지 가늠해보기 위함이다. 한마디로 사업 아이템의 실현 가능성과 시장의 크기를 확인하기 위해서다.

최소기능제품 개발 단계를 효과적으로 한 창업 팀들을 살펴보면, 단기간에 여러 번 사용자 확인을 거쳤다는 점을 알 수 있다. 가령 어떤 서비스의 무료 체험 기간을 2주로 정했다면 그동안 2차, 3차, 4차 질의응답을 거치면서 사용자들이 진짜 그것을 필요로 하는지, 돈을 내고 사용할 의향이 있는지 집요하게 확인하는 것이다. 정확한 파악을 위해서는 예리한 질문이 필수적이다. 두루뭉술하게 '계속 사용할 의향이 있으십니까?' 하는 식의 질문만으로는 명확한 답을 얻어낼 수 없다. 핵심을 파고드는 질문, 다방면의 실험이 필요하다.

최소기능제품을 만들기도 전에, 이게 진짜 될 만한 아이템인지 확인하는 팀도 있다. 인적자원관리(HR) 전문 원티드랩을 창업해 일본, 홍콩, 싱가포르 등 글로벌 시장 진출에 성공한 이복기 대표는 최소기능제품을 만들기 전에 그 제품이 존재한다고 가정하고, 그것을 사람들에게 팔아보는 게 중요하다고 강조한다.

이 대표는 최소기능제품을 만들기 전에 지인들과 기업들을 대상으로, 같이 일해본 사람들을 추천하고 실제 채용되면 기업으로부터 돈을 받아서 채용된 사람과 추천인에게 나눠주는 서비스가 있다면 사용할 의향이 있는지 물어보는 작업을 했다. 그랬더니 긍정적인 반응을 얻었음은 물론이고, 실제로 몇 차례 채용이 일어나는 경험을 하게 되었다. 이 과정에서 서비스 설계 지향점과 과정을 최소화, 최적화할 수 있는 방법을 알게 되었고, 최소기능제품을 효과적으로 개발하고 테스트할 수 있었다.

스타트업은 한정된 자원으로 최대치의 결과를 뽑아내야 하므로, 가능하다면 미리 내다보고 확인하는 과정을 거치는 것이 좋다.

## 엉성하더라도 작동하게, 핵심은 속도!

최소기능제품을 만들 때에는 핵심에만 집중해야 한다. 본격적으로 달리기 전에 시운전을 해보는 단계이므로, 내가 구현하고 싶은 아이디어의 핵심부터 빠르게 만들어 확인하는 것이 중요하다. 괜히 완성도를 높인답시고 군더더기를 더할 필요가 없다.

초기에 핵심 가설을 효과적으로 확인한 대표적인 예로 2009년 12억 달러로 아마존에 인수된 온라인 신발 쇼핑몰 자포스를 들 수 있다. 자포스 창립자는 우선 '온라인에서 신발을 구매하려는 수요가 있는가?' 하는 가설을 확인하고 싶었다. 그래서 간단한 홈페이지를 만든 뒤, 거기에 근처 매장에서 찍은 신발 사진을 하나둘 올리기 시작했다. 주문이 들어오면 매장에 가서 신발을 정가로 사서 직접 배송했다. 이렇게 확실한 수요를 파악한 뒤 본격적인 쇼핑몰 구축에 나섰고, 연 매출 수십 억 달러의 글로벌 기업으로 성장할 수 있었다.

이처럼 최소기능제품 개발 단계에서는 단순한 핵심 가설을 세우고 최소 비용으로 그 가설을 검증해내야 한다. 나의 사업에서 무엇을 실현하고 싶은지 중심 가치를 확립하고, 이것을 수시로 팀 내 구성원들과 공유하는 것이 중요하다.

## 그것이 가장 절실히 필요한 사람들을 만나라

핵심에 집중한 최소기능제품을 만드는 데 성공했다면, 그 제품을 누구에게 주어서 반응을 살피는 게 좋을까? 맨 먼저 그것을 가장 절실하게 필요로 하는 소수의 사용자를 찾아서 주어야 한다. 그 제품 또는 서비스로 인해 삶이 극적으로 변화할 만한 사람들을 찾아서 사용할 수 있게 하고, 그에 대한 평가를 받는 것이다.

예를 들어, 제약회사에서 신약을 만들어 테스트하는 경우를 살펴보자. 신약은 아직 검증되지 않은 약이기 때문에 위험성을 지니고 있다. 건강한 사람이라면 웬만해서는 투약하지 않을 테지만, 만약 그 약이 효과를 발휘할 경우 생명이 연장되고 고통이 줄어드는 중증 환자라면 투약할 의사가 있을 가능성이 높다. 제약회사는 이런 환자를 대상으로 신약의 효능을 검증하고, 그 결과를 바탕으로 정식 제품으로 개발해 전 세계에 판매한다.

이처럼 최소기능제품의 사용자는 그 제품에 대한 절실한 필요를 지닌 사람이 알맞다. 그 제품 또는 서비스가 무척 필요하기 때문에 적극적으로 사용해보고 의견을 주고받을 수 있는 사람, 어떤 기능이 핵심인지 콕 짚어 말할 수 있는 사람을 찾아야 한다.

그리고 그런 사람들을 초기 사용자로 확보하는 데 성공했다면, 온라인 설문이나 이메일을 통하기보다는 직접 만나서 이야기를 들어보는 게 좋다. 얼굴을 마주 보고 소통하는 것이 가장 확실하다. 나중에 제품이 정식으로 출시되어 1,000명 10,000명 이상의 고객을 대상으로 만족도 조사를 할 때에는 설문조사 같은 정량적 방법도 사용해야겠지만, 최소기능제품을 소수 사용자에게 테스트할 때에는 한 명 한 명 직접 만나서 자세하게 묻고 의견을 듣는 정성적 방법이 알맞다.

# '와우!' 소리가 절로 나오는,
# 사업계획서 쓰기

## 고통에 집중한 사업계획서를 쓰라

최소기능제품에 대한 초기 사용자들의 반응을 충분히 듣고, 사업 아이템 구상에 적절히 반영했다면 다음 단계는 사업계획서 작성이다. 사업하는 사람들에게 사업계획서란 정말 지겨운 단어 중 하나다. 아이디어를 사업화할 때, 정부나 금융 기관의 지원을 받고자 할 때, 투자 유치를 희망할 때, 직원 채용 시 회사 홍보가 필요할 때에도 제각각 알맞은 사업계획서가 필요하다. 또한 사업 추진 방향과 경과에 따라 계속 업데이트해야 하기 때문에, 사업하는 동안 사업계획서 작성은 늘 따라다니는 업무라고 보아야 한다.

어떤 목적과 형태의 사업계획서든 가장 집중해야 할 내용이 있다면, 그건 바로 '고통'이다. 앞서 썼듯이, 사업의 핵심은 사람들의 고통과 문제를 해결하는 데 있다. 그러므로 사업계획서에는 고통과 그 해결법이 깊이 있고 자세하게 담겨 있어야 한다.

미국 실리콘밸리를 대표하는 벤처투자사 세쿼이아 캐피털의 홈페이지에 실린 사업계획서 작성법 가운데 이런 문장이 있다.

> "Describe the pain of your customer. How is this addressed today and what are the shortcomings to current solutions. (당신의 고객이 겪고 있는 고통에 대해 설명하십시오. 현재 이 문제는 어떻게 해결되며, 그 솔루션의 단점은 무엇인지 자세히 쓰십시오.)"

애플, 오라클, 구글 등에 투자해 성공한 세계적인 벤처투자사도 고객의 '고통'에 집중하고 있음을 확인할 수 있다. 사업계획서에는 고통의 내용과 차별화된 해결 방법뿐 아니라 그것을 사용할 만한 사람들의 수, 즉 시장 규모도 포함되어야 한다. 시장 규모를 측정하는 방법은 아래와 같다.

**고통의 양 × 고통을 겪는 사람의 수 = 시장의 크기**

고통의 양은 고통을 줄이기 위해 고객이 지불할 수 있는 금액을 말한다. 고통을 겪는 사람이 많고 고통의 정도가 심해서 지불할 수 있는 금액이 높을수록 시장의 크기는 커질 것이다. 이러한 큰 시장을 목표로 한 사업이라는 점이 사업계획서에 잘 나타나 있다면, 지원이나 투자를 받을 가능성이 높을 것이다.

## 정부·기관 제출용은 노래방에서처럼 완전하게

사업계획서는 제출 대상과 목적에 따라 다르게 쓰여야 한다. 창업가가 주로 쓰는 사업계획서는 두 종류로 나뉜다. 하나는 정부와 금융기관의 지원을 받기 위해 작성해 제출하는 것이고, 또 하나는 투자사에 투자를 받기 위해 제출하는 것이다.

먼저 정부나 지자체, 금융기관에 제출할 목적의 사업계획서 작성 요령을 알아보자. 이 경우에는 완벽하기보다는 완전하게 쓰는 것이 중요하다. 노래방에서 좋은 점수를 얻으려면 노래를 처음부터 끝까지 음정박자에 맞춰서 불러야 하듯이, 써야 할 항목과 항목별 배점이 명확히 정해져 있기 때문에 반드시 모든 항목에 빠짐없이 답을 써야 한다. 자신이 어느 한가지 항목에 강력한 장점을 가지고 있다고 해도, 배점된 점수 이상 받을 수는 없다. 그러므로 모든 항목을 주어진 조건 안에서 충실하게, 고르게 작성하자.

## 투자 유치용은 오디션에서처럼 매력이 돋보이도록 완벽하게

반면, 투자사를 대상으로 한 사업계획서에는 '한 방'이 있어야 한다. 투자사의 마음을 사로잡을 만한 확실한 매력이 담겨 있어야 한다. 이때에는 완전보다는 완벽을 추구하는 것이 좋다.

벤처 창업가가 투자 받을 목적으로 사업체와 사업 아이템을 설명하기 위해 작성하는 문서를 'IR'이라 부른다. IR은 Investor Relations의 약자로 간단히 '투자제안서'라고 보면 된다. 지금까지 투자 컨설팅을 하면서 수많은 투자제안서를 검토해왔다. 그러면서 깨달은 점은 많은 창업가가 완벽한 매력 어필은커녕, 제대로 된 문제 파악이나 시장 조사도 하지 않은 채 제안서를 써서 보낸다는 사실이다.

잘된 투자제안서에는, 사업 아이템이 무엇이고 최소기능제품을 어떻게 개발해서 사용자 검증을 했으며 그것을 바탕으로 제품을 만들었을 때 얼마나 큰 시장에 어떻게 안착할 수 있을지가 명확하게 담겨 있다. 그리고 그 일을 맡을 적임자가 왜 자신과 자신의 팀인지 설득력 있게 설명되어 있다.

투자사 입장에서는 사업 아이템뿐 아니라 창업가와 창업 팀 또한 무척 중요하다. 아무리 훌륭한 아이디어도 실행해내지 못하면 소용없기 때문이다. 그러므로 객관적으로 판단했을 때, 창업가와 팀의 이력이 가장 매력적인 경우라면 그 관련 내용을 맨 앞에 소개하는 것이 좋다. 무엇이든 강력한 무기는 처음에 있어야 한다.

많은 창업가가 내게 사업계획서 관련해 이런 질문을 자주 한다. "어떤 자료를 보강하면 좋을까요?", "무엇을 더 집어넣어야 할까요?" 그러면 나는 대개 '이런 걸 좀 더 고민해보세요' 또는 '이런 점을 좀 생각해보시면 좋겠어요' 하고 답한다. 창업가의 고민과 시도가 부족했을 때 그것이 사업계획서에도 고스란히 나타나게 되기 때문이다.

## 치열한 고민과 시도가 유일한 비결

지금까지 사업계획서를 쓰는 방법을 살펴보았다. 사업계획서를 잘 쓰는 특별한 비법 같은 건 없는 것 같다. 그저 부단히 고민하고 부딪쳐보고 다시 수정하는 수밖에 없다. 사람들의 고통과 문제를 깊이 있게 바라보고, 그것을 해결하는 방법을 끊임없이 연구하고 실험하다 보면 제대로 된 사업계획이 갖추어지고, 사업계획서도 저절로 잘 쓸 수 있게 된다.

내가 그렇게 완벽하게 준비된 팀을 만난 건 손가락으로 꼽을 수 있을 만큼 드물다. 그런 팀은 서류에서든 발표 자리에서든, 오랜 고민과 경험에서 축적된 노하우가 그대로 전해진다. 어떤 질문에도 명쾌한 답을 내놓을 준비가 되어 있다. 왜냐하면 그동안 진짜 많은 고민을 하고 해볼 수 있는 걸 전부 해봤기 때문이다. 그러므로 탁월한 사업계획서로 충분한 지원과 투자를 받고 싶다면, 누구보다 더 많이 고민하고 집요하게 파고드는 것이 우선이다.

# 발표에도
# 연습이 필요하다

## 노련한 투수가 공 던지듯, 핵심만 정확하게

벤처 사업의 경우에는 아이디어를 사업화하는 초기 단계부터 제품시장적합성을 찾는 단계까지 많은 노력과 자금이 필요하다. 그래서 창업가가 각 단계별로 적절하게 투자를 끌어오는 것이 무엇보다 중요하다. 투자 단계를 일반적으로 시드(Seed), 시리즈(Series) A, B, C로 구분하는데 각 단계마다 투자의 규모와 방식이 달라진다.

벤처 창업가가 투자자에게 투자제안서를 소개하는 것을 '피치덱(Pitch Deck)'이라 부른다. 여기서 '피치'는 야구에서 투수가 공을 던지는 것을 의미한다. 그러니까 피치덱이란 투수가 전략적으로

공을 던지듯이 창업가가 투자자에게 조리 있게 사업을 설명하고 투자를 결정하도록 설득하는 것이다.

피치덱은 대개 창업가가 16:9 비율의 파워포인트 자료를 25장 안팎으로 준비해 15분 안에 문제점과 해결 방안, 목표 시장, 사업 계획, 창업 팀 역량, 비전과 미션 등을 하나의 이야기로 만들어서 전달하는 식으로 이뤄진다.

발표 환경에 따라 화면 비율이 달라지기도 하지만 일반적으로 16:9 비율을 지키며, 장표가 25장을 넘지 않게 한다. 이보다 더 길어지면, 투자자가 이해해야 하는 정보 양이 많아지고 그러다 보면 사업을 매력적으로 느끼기보다는 복잡하고 애매하다고 단정 지을 위험이 높아진다. 그러므로 정해진 시간 안에 꼭 필요한 내용을 간추려 전달하는 것이 몹시 중요하다.

또한 피치덱에서는 정확하고 통일성 있는 용어를 사용해야 한다. 생각보다 많은 창업가들이 유명하고 멋있어 보이는 단어를 그 뜻도 잘 모르는 채로 사용한다. 예를 들어, 플랫폼을 개발한다고 말하는데 실상은 이커머스인 경우도 있고, AI 기술이라고 강조하는데 살펴보면 그게 아닌 경우도 존재한다.

정확하지 않은 용어로 진행되는 투자설명회만큼 지루한 자리는 없다. 멋져 보이는 단어 말고 나와 사업을 빠른 시간 안에 정확하게 설명할 수 있는 단어와 문장을 사용해야 한다. 중요한 단어는 반복을 통해 각인시키고, 발표 리허설을 녹화해 거슬리는 말버릇이나 태도 등을 바로잡는 것도 필요하다. 나는 창업가가 최소 20시간 정도는 피칭 연습에 쏟아야 한다고 생각한다.

### 언제, 어디에서나 발표할 수 있게

'엘리베이터 피치'라는 것도 있다. 창업가가 투자자에게 승강기가 작동하는 1분 정도의 시간 안에 자신의 팀과 사업을 소개하는 것이다. 요즘에는 이런 엘리베이터 피치가 필요한 경우가 점점 많아진다. 네트워킹 모임, 연구 발표회 등이 자주 열리기 때문이다. 창업가는 어떤 상황에서든 자신의 사업을 명쾌하게 설명할 줄 알아야 한다. 그러기 위해서는 사업을 한 문장으로, 1분 이내의 길이로, 5분의 짤막한 토크로 소개하는 연습을 늘 습관처럼 하는 것이 좋다.

대부분의 창업가가 자신의 팀과 사업을 효과적으로 소개하기 위해 스토리텔링 방식을 택한다. 보통 4가지 방법으로 이야기를 구성하는데 그 방법은 아래와 같다.

1) 서론-본론-결론

2) 결론-본론-결론

3) 현재-과거-미래

4) 과거-현재-미래

1번은 고객이 가진 문제점에서부터 이야기를 풀어나갈 때 좋은 방법이다. 2번은 기업이나 정부를 대상으로 한 사업, 가령 사회적인 문제를 해결하는 사업일 때 적합하다. 예를 들어, 플라스틱 사용을 줄여야 하는 현실을 결론으로 놓고, 그렇게 하기 위해서 사업을 풀어가는 과정과 목표를 설명하는 것이다.

3번은 오랫동안 방치된 문제를 해결하는 사업을 소개하기에 좋다. 그리고 4번은 과거부터 현재까지 지속적으로 발전해왔는데 최근 정체되어 있는 시장의 문제를 해결하거나, 혁신적인 방식으로 미래에 큰 발전을 이룰 수 있는 사업일 때 적합하다.

처음에는 어떤 방식으로 이야기를 풀어가야 할지 막연하게만 느껴질 것이다. 하지만 오랫동안 준비하고 실제로 해보면서 노하우를 쌓다 보면, 예상하지 못한 상황에서도 긴장하지 않고 효과적으로 사업을 소개할 수 있게 될 것이다.

## 마지막에 핵심 비전을 한 문장으로

잘 정리된 투자제안서를 바탕으로 사업의 내용과 목표, 정확한 시장 규모, 팀 구성원 소개, 예상 매출 등을 효과적으로 피치덱 자료에 담아냈다면 본격적인 연습에 돌입할 때다.

앞서 여러 번 강조했듯이, 피치덱은 부단한 연습을 통해 잘할 수 있게 된다. 창업 팀이 4명이면 모두 동일한 내용으로 발표해보고, 서로 의견을 주고받으며 내용을 개선하고 발전시키자.

발표 영상을 녹화해서 확인하는 것도 큰 도움이 된다. 영상을 보다 보면 고쳐야 하는 단어나 문장, 강조하고 생략해야 할 부분을 스스로 깨닫게 되고, 그런 과정을 통해 완성된 자료에 자신이 생겼을 때 비로소 투자자를 만나러 갈 준비가 된 것이다. 나는 이처럼 모두 참여해 고쳐나가는 방식으로 피치덱의 수준을 확 끌어올린 팀을 수년간 여러 차례 확인했다.

이러한 준비 과정을 통해 팀을 제대로 설명할 수 있게 되었을 때, 첫 장의 제목과 마지막 장의 비전을 써넣는다. 안타깝게도 많은 창업 팀이 피치덱 자료의 마지막 장에 '감사합니다' 한 줄만 달랑 넣는다. 이후 질의응답 시간이 이어지기 때문에, 투자자들은 자연스레 마지막 장을 계속 보게 된다. 그러니 가장 많은 시간 동안 시선을 받는 마지막 장에는 상투적인 인사말 대신에 창업 팀의 비전을 관통하는 강력한 한 줄을 쓰는 것이 좋지 않을까.

발표 준비를 모두 마쳤다면, 이제 투자자 앞에 설 때다. 첫 상대로는 투자받을 가능성이 가장 희박한 곳을 선택하는 것이 좋다. 창업자가 큰 기대 없이 발표를 경험하고, 투자자들과 질의응답을 통해 개선점을 깨닫고 요령을 터득할 수 있기 때문이다. 이런 과정 속에서 더 많은 준비가 되었을 때, 가장 승산이 높은 투자사를 찾아가는 것이 현명하다고 생각한다.

# 완성된 제품을
# 내놓아야 한다

## 하다 만 요리를 먹고 싶은 사람은 없다

최소기능제품으로 타당성을 검증하고 사업계획서 또는 투자제
안서를 써서 마침내 지원금이나 투자금을 마련했다면, 제품을 본
격적으로 만들어야 하는 때다. 제품의 완성도에 따라 사업의 성패
가 갈리게 되므로, 가장 중요한 단계라고 볼 수 있겠다.

제품 제작 단계에서 절대로 잊지 말아야 할 것은 대충 만든 미
완성이어서는 안 된다는 점이다. MVP(최소기능제품)의 P, 그리고
PMF(제품시장적합성)의 P는 모두 Product(제품)를 뜻한다. 하나의 프
로젝트(Project)가 아니라, 고객이 돈을 지불하고 사용하는 상품이
다.

그러므로 완성된 제품을 만들어야 한다. 어떤 사람도 미완성인

것을 사고 싶어하지는 않는다. 김밥 한 줄, 샌드위치 하나라도 만들다 만 것을 먹고 싶어하는 사람은 없다. 그러니 창업가는 자신이 구상하는 제품을 만들 때 기능에서나 디자인에서나 모든 면에서 완벽하도록 최선을 다해야 한다.

최소기능제품 단계에서 본격적인 제품 생산 단계에 접어들었을 때 창업가가 가장 경계해야 할 것은 '이 정도면 됐지' 하는 안일한 사고방식이다. 창업가가 안일함, 게으름, 오만함에 빠지는 순간 목표 달성은 저만치 멀어지게 된다는 사실을 잊어서는 안 된다.

창업가는 제품을 완전하게 만들기 위해 끊임없이 제품에 집착, 또 집착해야 한다. 고객이 돈을 주고 살 만한 제품, 만족스러워서 또다시 찾는 제품, 지인들에게 좋다고 스스로 소문을 낼 만큼 탁월한 제품은 창업가의 끈질긴 집착과 노력에서 빚어진다. 제품을 잘 만들기 위해 필요한 건 특별한 기술이나 노하우보다 정성 어린 태도와 집착임을 꼭 기억하자.

### 고객 입장에서 디테일이 완벽하도록

예를 들어, 한 창업가가 식당을 개업했다고 치자. 식탁과 의자의 간격, 직원이 주문을 받고 음식을 내오는 동선, 메뉴판의 형식, 화장실 위치와 상태, 우천 시에 사용할 우산꽂이 등 수많은 부분에서 창업가의 고민과 노력의 정도가 고스란히 드러난다.

처음이니까 미숙한 거라고, 조금씩 고쳐나가면 된다고 생각하기 쉽지만 천만의 말씀이다. 고객은 완벽한 것을 원한다. 그리고 결코 친절하지 않다. 한번 아니다 싶으면 다시 찾지 않는다. 그러므로 나중에 보완할 생각하지 말고, 애초에 완전한 상태로 제품을 선보일 수 있도록 최대한 노력해야 한다.

창업가는 고객이 만족할 수 있는 제품이나 서비스를 만들어야 한다. 이때 중요한 건 자신이 아니라, 고객의 입장에서 흡족한 제품이어야 한다는 점이다. 많은 창업가가 이 점을 착각하고, 쓸데없는 군더더기를 너무 많이 집어넣는다. 자기 입장에서 좋아 보이는 디테일을 잔뜩 구현하느라 힘을 다 써버린다.

하지만 제품을 만들 때 가장 중요하게 고려해야 할 건 고객 경험이다. 고객 경험 관점에서 매우 편리하고 이용 가치가 있는가 하는 점이다. 바로 이 점에 집중하고 집착해야 고객이 만족하고 다시 찾는 제품을 만들 수 있다.

고객이 원하는 디테일에 집착해 큰 성공을 이룬 예로 온라인 대형 유통업체 마켓컬리가 있다. 김슬아 대표는 마켓컬리를 창업해 2015년 첫 새벽배송 서비스를 선보였고 현재 연 매출 2조 원의 초대형 유통사로 성장시켰다. 김 대표는 이러한 폭발적 성장의 비결로 고객 집착을 꼽았다. 극단적일 정도로 작은 것을 챙겨 온 '악마의 디테일'이 최대 경쟁력이라는 것이다.

퇴근하고 피곤한 몸으로 장보는 일이 힘든 고객의 필요를 충족시키기 위해 신선제품을 밤 11시 전에 주문하면 다음 날 아침 7시까지 배송해주는 샛별배송 서비스를 만들어 실시했다. 또한 건강하고 안전한 제품을 구매하고 싶은 고객의 요구를 만족시키고자, 상품의 특징과 유래, 관리법, 추천 레시피 등이 담긴 상세 페이지를 만들었다. 전국 곳곳의 산지에서 생산된 제철 먹거리가 신속하게 배달될 수 있도록 AI기술로 고객의 수요를 미리 예측하는 시스템을 구축하기도 했다. 이러한 꾸준한 고객 경험 개선의 노력이 오늘날의 마켓컬리를 만든 것이다.

창업가가 좋은 제품을 만들어 시장에 안착시키려면, 우선 제품에 대한 집착을 해야 한다. 그리고 그 집착의 중심에는 고객이 있어야 한다. 고객이 원하는 것, 불편해하는 점 등을 고객 관점에서 바라보고 조금씩 개선해나가다 보면 고객을 감동시킬 수 있는 완전한 제품이 갖추어지고, 거기서부터 성공으로 나아갈 수 있는 발판이 마련된다는 것을 기억하자.

# 적정 이익률을 찾으라

## 너무 높아도, 너무 낮아도 안 된다

창업가가 제품을 만든 다음, 또 중요하게 고려해야 할 것은 가격 산정이다. 한번 가격을 정하면, 내리기는 쉬워도 올리기는 어려우므로 처음부터 신중하게 판단해야 한다.

가격은 적정 이익률에 따라 결정한다. '적정 이익률'이란 사업체가 생산 활동을 통해 얻은 총수입에서 관련 지출 비용을 모두 뺀 금액으로, 매출액 대비 일정 비율 이상을 유지해야 하는 이익 규모를 뜻한다.

적정 이익률은 말 그대로 너무 높거나 낮지 않은, 적당한 정도여야 한다. 창업가는 이익 추구와 고객 만족이라는 두 가지 토끼를 잡아야 하는 사명을 지니고 있다. 사업체의 지속 가능한 성장을 위해 충분한 이익을 창출하면서도 고객에게 합리적 가격의 제품이나 서비스를 제공해야만 한다. 그렇게 하기 위해서는 알맞은 수준의 이익률을 유지하는 것이 꼭 필요하다.

가령, 한 창업가가 티셔츠를 원가 2만 원에 만들어서 5만 원의 가격으로 판다고 가정해보자. 시장에 내놓았는데, 고객들이 하나둘 사기 시작하면 창업가 입장에서는 높은 이익을 가져갈 수 있기 때문에 좋을 것이다.

하지만 내가 2만 원에 만들 수 있는 제품은 다른 사업가도 같은 가격에 만들 수 있다는 사실을 간과해서는 안 된다. 만약 다른 사업가가 유사한 티셔츠를 비슷한 원가에 만들어서 3만 원의 가격으로 시장에 내놓는다면, 고객은 당연히 3만 원짜리를 고를 것이다. 그리고 결국 처음에 티셔츠를 5만 원에 팔던 창업가는 가격을 3만 원 또는 그 이하로 낮춰야 하는, 씁쓸한 상황을 맞이하게 된다.

반대로 이익률을 너무 낮게 잡을 경우에는 제품을 많이 팔수록 손해가 커지는 기이한 현상이 벌어진다. 원자재 값 인상, 인건비 상승, 경쟁 과열 등의 요인으로 이런 일이 생길 수 있다. 그러므로 창업가는 이런 변동 요인도 고려하여, 적정 이익률을 정하고 알맞은 가격을 매겨야 한다.

## 지출은 줄이고 효율성은 높이자

적정 이익률은 대개 제조업은 10퍼센트, 서비스업은 20퍼센트 내외로 잡는다. 하지만 업종과 경쟁 환경에 따라 저마다 차이가 있기 때문에 창업가가 관련 사항을 모두 고려해 알맞게 정해야 한다.

매출액과 이익률을 적정 수준으로 유지하고 향상시키려면 안팎의 노력이 필요하다. 먼저 사업체 내부에서 불필요한 지출을 하고 있지 않은지 살펴보고, 지출을 줄일 수 있는 부분은 줄이는 것이 가장 중요하다. 또한 제품 제작과 사업 운영 전 과정을 점검해 군더더기는 없애고 생산 효율성을 최대치로 끌어올리는 한편, 신제품 출시나 새로운 시장 개척을 통해 매출을 늘릴 수 있도록 해야 한다. 고객과 활발한 소통을 통해 제품의 질을 꾸준히 유지하고 향상시켜야 함은 두말할 나위가 없다.

많은 사업체가 초기에는 낮은 가격으로 고객들을 끌어들이고, 어느 정도 고객 확보가 되고 제품의 가치를 인정받았을 때 적당한 가격을 매김으로써 적정 이익률을 달성하는 전략을 펼친다. 하지만 이런 전략은 자칫 가격에 민감한 신규 고객의 대거 이탈 사태를 불러올 수도 있다. 그러므로 창업가는 목표 고객의 유형과 필요를 꼼꼼히 분석해, 적정 이익률과 가격을 신중하게 산정해야 한다.

# 내 고객을
# 만드는 법

## '아하 모먼트'를 찾으라

창업가는 제품이나 서비스를 만들어 고객에게 판매함으로써 이익을 거두어들인다. 오랫동안 수고해서 제품을 만들었다고 해도, 고객에게 판매되지 않으면 아무 소용이 없다. 그러므로 언제나 고객을 보면서 사업을 펼쳐나가야 한다. 고객과 끊임없이 소통하면서, 고객이 무엇을 원하는지 정확하게 파악하고 그러한 세밀한 요구사항을 반영한 제품을 내놓는 것이 중요하다. 그럴 때 고객은 "내가 원했던 게 바로 이거야!" 하며 감탄하게 된다. 그리고 이것이 바로 고객의 '아하 모먼트'다.

아하 모먼트(Aha moment)는 고객이 제품을 사용하면서 핵심 가치를 발견한 순간을 뜻한다. 이 경험을 한 사람은 대개 충성고객,

단골이 되어 꾸준히 제품을 사용할 뿐 아니라, 주위에도 정말 좋다면서 입소문을 낸다. 이런 고객이 늘어나면 자연스레 신규 고객이 유입되고 판매량도 높아지며, 사업이 순조로운 흐름을 타게 된다. 이처럼 고객들이 알아서 제품을 다시 찾고, 꾸준히 사용하면서 주위에도 소문을 내어 저절로 매출이 올라가는 상황이 되면 '제품시장적합성'을 찾았다고 보아도 좋을 것이다.

그렇다면 어떻게 고객이 아하 모먼트를 느끼게 할 수 있을까? 답은 고객에게 있다. 창업가가 고객과 자주 접촉해 이야기를 들으면서 고객의 필요와 욕구를 깨닫고 제품에 반영하는 수밖에 없다. 쇼핑몰이라면 자주 접속하는 고객이 있을 것이다. 그런 고객에게 전화를 하거나 이메일을 보내서 제품에 대한 의견과 개선점을 들어야 한다. 이러한 고객과의 소통은 자주 꾸준히 해야 하는데 왜냐하면 세상이 빠르게 변함에 따라 고객의 필요와 욕구도 늘 바뀌기 때문이다.

생생한 고객의 소리를 끊임없이 듣고 파악해야, 자기 사업의 규모를 정확하게 예측해서 불필요하게 몸집을 키우지 않을 수 있고, 고객이 정말로 원하는 제품을 만들어 판매하여 지속적인 성장을 이룰 수 있다는 걸 꼭 기억하자.

## 그물을 던질 것인가, 작살을 꽂을 것인가

창업가가 적극적으로 충성고객을 만드는 방법도 있다. 충성고객을 만들려면, 먼저 제품의 초기 고객 가운데 재방문을 하는 고객들을 추적해서, 충성고객의 특징을 파악한다. 그런 다음 고객들의 연령, 성별, 지역, 구매 패턴, 구매 시간 등을 하나하나 찾아가면서 제품을 많이 사용할 고객의 구체적인 상을 그려본다. 단순히 '30~40대 여성', 'MZ세대'라고 정의를 내려버리면 고객에게 어떻게 제품과 서비스를 알려야 할지 그 시작점조차 알 수 없기 때문에 되도록 구체적으로 고객층을 설정해야 한다.

메모리폼 침대를 만드는 '삼분의일' 전주훈 대표는 사업을 시작하기 전에 매트리스의 만족도를 파악하기 위해 한 달간 50인에게 무료로 사용할 수 있게 했다. 사용해보고 마음에 들면 사고 그렇지 않으면 반납할 수 있는 조건을 내걸었는데, 사용자의 67퍼센트가 구매를 결정했다.

초기 테스트에서 고객 정보를 수집한 전 대표는 충성고객의 상을 '자부심을 가진 개발자'로 설정했다. 구체적으로 보면 새로운 제품이나 서비스가 나오면 꼭 써보는 사람, 명품보다는 합리적 제품을 선호하는 사람, 개발자로서 생산성을 끌어올리기 위해 마우스나 키보드, 책상에 투자하는 사람이었다. 또한 야근이 많아서 잠깐이라도 푹 자고 싶어하는, 개발자 중에서도 리더급 개발자를 충성

고객 상으로 설정했다.

구체적인 고객 상에 따라 마케팅 전략도 분명해졌다. 전 대표는 개발자들이 많이 머무는 공간에 '작살'을 꽂기 시작했다. 전자기기 스펙처럼 매트리스 정보를 수치화해서 보여줬고 개발자들이 즐겨 찾는 커뮤니티에 정보를 올렸다. 그 결과 매트리스를 주문하는 개발자 고객들이 늘어났고, 자연스레 입소문이 형성되면서 창업 1년 만에 매출 100억 원을 돌파했다.

한편, 이보다 폭넓은 고객층을 대상으로 하는 제품이나 서비스를 만든다면, 작살이 아닌 '그물'을 준비해야 한다. 앞서 소개한 샛별배송의 마켓컬리, 세탁 구독 서비스 '런드리고'를 비롯한 수많은 서비스가 특정 지역에서부터 확장해왔다. 예를 들어, 서울 역삼동, 논현동에서 테스트하고 영역을 넓혀서 강남구, 송파구, 서초구로 진출하고, 나중에는 서울 전역과 수도권, 전국으로, 마침내 글로벌 시장으로까지 확장하는 것이다. 지역별로 그물을 던져서 땅 따먹기처럼 조금씩 영역을 넓혀가는 전략이다.

그물이든 작살이든 핵심은, 끈끈한 서비스를 제공해서 되도록 많은 고객이 충성고객이 되도록 유도하는 것이다. 그러면 이들이 다시 주변 사람들에게 서비스를 알릴 것이고, 사업체는 신규 고객 유치 비용을 크게 들이지 않고도 고객과 매출이 지속적으로 늘어나는 효율적 성장을 이룰 수 있게 된다.

사실 창업가는 고객들이 어떻게 하면 다시 올 수 있는지 알고 있다. 다만 거기에 집중하지 않을 뿐이다. 당신의 집중과 노력만큼 사업체는 성장한다는 것을 잊지 말길 바란다.

# 시장에 안착할 때까지 파고들라

## 제품시장적합성을 정말 찾았을까?

스타트업이 어느 정도 안정 궤도에 들어섰는지 알아보는 지표로 흔히들 '제품시장적합성을 찾았는가' 하는 점을 꼽는다. 제품시장적합성을 찾았다는 것은 제품이 시장의 요구에 딱 들어맞아 고객에게 지속적으로 팔리고 사용되며, 새로운 고객이 크게 늘어나고 있다는 뜻이다. 한마디로, 제품이 시장에서 알맞게 자리잡았다는 의미다.

그런데 제품시장적합성을 찾았는지 확인하는 일이 꽤 까다롭다. 많은 창업가, 여러 번 창업을 경험한 베테랑 창업가조차 이 단계에서 삐긋해, 성급하게 규모를 키운 탓에 큰 손실을 보고 사업을 접곤 한다. 제품시장적합성을 판단하는 공통의 기준 같은 건 딱히 없는 듯하다. 창업가가 사업 특성을 고려해 매출액과 고객 수, 재방문율, 이익률 등의 자료를 바탕으로 신중하게 판단해야 한다.

내가 보기에 제품시장적합성을 판단할 수 있는 기준 가운데 핵심은 '돈을 벌고 있는가'인 것 같다. 온라인 동영상 서비스 기업들의 경우를 보면 수십만, 수백만 명의 구독자를 유입시켰음에도 불구하고 계속 적자 상태다. 신규 콘텐츠 제작 비용과 사업 운영비에 비해 수입이 적다면, 아무리 구독자 수가 많더라도 제품시장적합성을 찾았다고 볼 수 없다. 제품시장적합성을 찾았다고 말할 수 있는 건 돈을 벌 때, 사업을 지속적으로 키워나갈 수 있을 만큼 수입이 충분히 늘어나고 있을 때다.

제품시장적합성을 찾은 기업은 그때부터 제이(J)커브를 그리며 급속도로 성장하는 경향을 보인다. 이때가 되면 창업가는 제품 생산의 대량화, 고객 세분화에 돌입해 사업 규모를 본격적으로 키우기 시작한다. 하지만 앞서 강조했듯, 섣부른 판단은 금물이다. 다각도로 따져보고 확실해졌을 때 실행에 나서자.


## 바퀴벌레 멘탈로 버티기

스타트업 성공률은 지극히 낮다. 상당수의 창업가가 3년을 넘기지 못하고 사업을 접는 게 현실이다. 하지만 갖가지 시련을 극복하고 어떻게든 살아남아 성공을 이루는 소수의 창업가도 분명 존재한다. 당신은 어느 쪽에 서길 원하는가?

벤처 투자자들은 '바퀴벌레 같은 창업자를 찾아야 한다'는 우스 갯소리를 하곤 한다. 사업 아이템이 고객에게 호응을 얻지 못하면 다른 방향으로 전환, 즉 피벗(Pivot)하고 자금이 부족하면 각종 기 관이나 투자사에 문의해 자금을 끌어오는 등의 노력을 끊임없이 해내야 사업을 성공시킬 수 있고 수익을 올릴 수 있기 때문이다.

모든 창업가의 꿈은 아마 초일류, 유니콘 기업을 이루는 것일 테다. 하지만 머나먼 목표지점까지 나아가려면, 일단 생존부터 하 고 봐야 한다. 날마다 생존을 위한 싸움의 연속이다. 사업을 한다 는 건 늘 예기치 못한 변수와 장애물과 맞닥뜨리게 됨을 의미한다. 시장도 고객도 제품 생산의 조건이나 완성도도 확신할 수 없다. 직 접 몸으로 부딪쳐 경험하고 해결하면서 깨달아야 한다.

창업가의 생존 싸움은 제품시장적합성을 찾고 난 뒤에도 계속 된다. 사업 규모를 크게 키우는 스케일업(Scale-up)을 했다고 해도, 시대가 바뀌고 고객이 바뀌며 새로운 경쟁 상대가 자꾸 나타나기 때문에 생존을 위한 싸움은 끊임없이 이어진다. 그러므로 창업가 는 현실에 안주하지 않고, 적극적으로 문제와 개선점을 찾아 해결 해나가야 한다. 그렇게 하루하루 값진 경험을 쌓아갈 때, 어느 날 성공의 문이 활짝 열릴 것이다.

# Ch.

# 3

스타트업
어라이브

# 스케일업은
# 성장이다

## 성장할 준비가 되었는가?

제품시장적합성을 찾아서 제품 또는 서비스가 날개 돋힌 듯이 팔릴 때, 지속적으로 신규 고객 유입이 이뤄질 뿐 아니라 고객의 수가 꾸준히 증가할 때 창업가는 확신할 수 있다. 지금이 바로 스케일업 할 때라고.

스케일업은 앞장에서 설명했듯이, 규모 확장이다. 제품이나 서비스, 성능, 생산 능력 등을 키우는 것으로, 한마디로 '성장'이라고 보면 된다. 창업가가 자신의 아이디어를 구현한 최소기능제품으로 시장 수용성을 확인하고, 고객 필요를 반영한 제품을 개발해 거듭 수정한 결과 고객들이 딱 필요로 하는 제품을 만들어 유통하는 데 성공했을 때, 사업체는 성장할 수 있게 된다. 이때가 바로 스케일업이 일어나는 때다.

많은 사업가와 투자자들은 스케일업 기업을 '고용인력이 10명 이상이면서 매출 또는 고용이 3년 연속 평균 20퍼센트 이상 고성장하는 기업'으로 정의한다. 이처럼 스케일업 기업의 기준은 명확하다. 하지만 객관적인 기준 외에도 반드시 따져보아야 할 것이 있다. 바로 스케일업에 임하는 창업가의 마음가짐이다.

스케일업에 돌입하면 매출과 직원, 결정해야 할 것, 고객 수가 급속도로 늘어난다. 지금 매출이 1억 원이면 10억 원으로 늘어나고, 직원 수도 네다섯 명에서 40~50명, 마주해야 하는 고객 수도 100명에서 1,000명이 된다. 그리고 스케일업이 잘 이루어진다면 거기서 몇 배, 몇 십 배 성장을 거듭하게 된다. 지금과는 전혀 다른 세계인 것이다.

100억 원 매출을 이루기 위해서는 400명이 근무할 수 있는 조직 관리 방안이 필요하고, 그들을 채용하기 위해 4,000번에 가까운 면접을 봐야 할 것이다. 그리고 무엇보다 수많은 고객을 만족시키기 위해 끊임없는 고민과 결정, 실행을 반복해야 한다. 규모가 작았던 초기에는 몇 번 실수해도 손실이 적었지만, 스케일업 단계에서는 한 번만 삐끗해도 수억 원의 손해가 발생한다.

당신은 이 모든 일을 짊어질 준비가 되었는가? 만약 조금이라도 망설여진다면, 왜 그런지 따져봐야 한다. 혹시 제품시장적합성을 아직 못 찾은 건 아닌지, 기대보다 시장의 크기가 작은 건 아닌지, 직원들과의 관계에서 문제가 있는 건 아닌지 찬찬히 살펴보아야 한다. 그런 다음 직면한 문제를 해결하고, 성장할 준비가 되었을 때 스케일업에 나서자. 당신이 준비된 만큼, 꿈꾸는 만큼 사업체는 살아남아 스케일업(Scale-up)한다.

## 성장-진화-변태

간혹 대규모 스케일업까지는 바라지 않는다는 사람도 있다. 그런 사람은 이 정도 성장하면 되었다고, 쭉 유지하면 된다고 말한다. 하지만 창업에 나선 이상, 경쟁은 필연적이다. 지금까지 내가 열심히 했고, 그 결과 현재로서는 괜찮은 스코어가 나오고 있다고 해도, 앞으로도 계속 그 상태가 유지되리라고 장담할 수 없다. 경쟁 상대가 어디서 어떻게 달려들어, 내 밥그릇을 빼앗아갈지 모르기 때문이다.

사람이 태어나면 한 살 한 살 나이를 먹듯이, 사업체도 반드시 성장해야 한다. 성장하려면 끊임없이 문제를 풀고, 개선해나가야 한다. 제품시장적합성을 찾았다면 제품을 더 좋게 만들려고 노력해야 한다. 고객이 더 좋은 제품을 더 싼 가격에 살 수 있도록 생산 효율성을 높여야 하고, 꾸준히 제품 성능을 높이고 새로운 기술을 개발해야 한다. 그렇게 노력하면서 고객의 필요를 충족시켜갈 때 자연스럽게 스케일업이 이뤄지고 경쟁에서 우위를 차지할 수 있게 된다.

스케일업은 크게 세 단계로 이뤄진다. 성장, 진화, 변태의 과정이다. 첫 번째, 성장 단계에서는 주로 양적 성장을 도모한다. 사업체가 동물적으로 몸집을 막 키우는 단계다. 생산과 판매, 고용, 수익이 동시에 커진다. 이때에는 규모를 키우는 것에 집중한다. 급성장기에 들어선 어린이와 청소년처럼 사업체가 쑥쑥 자라나는 단계로, 창업가의 직관과 재빠른 판단력, 실행력이 빛을 발하는 시기이다.

그러다가 어느 시점에 들어서면 성장세가 주춤한다. 매출을 더 높이기 어려워진 때, 바로 두 번째 단계인 진화에 돌입해야 한다. 이 단계에서는 그때까지 몸집을 불리느라 신경쓰지 못했던 비효율적인 것, 비논리적인 것, 비체계적인 것을 덜어내고 조직을 강하게 키운다. 조직 체계를 탄탄하게 만들고, 업무 효율성을 높이고, 모자란 전문 인력을 보충하고, 고객 서비스를 강화한다. 안팎으로 문제를 해결하면서 내실을 다진다.

이렇게 하면서 사업체가 온전함으로 나아갈 때, 비로소 세 번째 단계인 변태가 이뤄진다. 번데기에서 나비로 탈바꿈해 하늘 높이 날아가듯이, 생존에서 번영으로 발돋움하는 시기다. 이때가 사람

나이로 치면 한 30살 정도가 아닐까 싶다. 육체적, 정신적, 경제적인 자립을 이루어 스스로 살아남을 수 있는 나이 말이다.

### 밸런스를 맞추되, 고객 만족을 첫째로

그러나 자립 가능한 30살이 되었다고, 인생이 끝이던가. 천만의 말씀이다! 진급도 해야 하고 결혼도 해야 하고 아기도 낳아 길러야 한다. 인간의 삶이 끊임없는 챌린지의 연속이듯이 사업도 성장과 진화, 변태의 연속이다. 어마어마한 성장과 진화를 이룬 삼성과 구글도 더 큰 성장과 온전함을 위해 지금도 분투하고 있다.

그렇다면 스케일업을 이룰 때 가장 중요한 것은 무엇일까? 나는 '밸런스'라고 생각한다. 사업을 구성하는 여러 요소가 두루 성장하도록 균형을 잘 잡아야 한다. 너무 한쪽으로만 치중했을 때 빠르게 위기가 찾아오고, 그 위기에서 살아남지 못하는 것을 자주 목격하게 된다.

가령, 매출을 등한시하고 연구와 개발에만 치중하는 기업이 있다고 치자. 몇 년간 연구한 끝에 제품을 시장에 내놓았을 때 과연 좋은 결과를 얻을 수 있을까? 안타깝게도 그렇지 못할 가능성이 높다. 실제로 창업가는 완벽한 제품이라고 자부하지만, 시장에서는 외면 받는 사례가 많다. 왜냐하면 시장은 빠르게 변화하기 때문이다. 제품시장적합성을 끊임없이 확인하면서 개발도 이루어져야 한다. 사업체를 이루는 핵심요소인 제품, 고객, 직원의 3요소가 고르게 좋아질 때 안정적인 성장을 이룰 수 있다.

위의 3요소 가운데 맨 우선 순위는 '고객'이다. 창업가는 사업체에 매출이 생기면 가장 먼저 고객에게 어떤 이익을 돌려줄지에 대해 생각해야 한다. 매출이 늘어나면 거기에만 몰입해, 나중에는 고객을 하나의 숫자로 생각하는 창업가들이 있는데, 그러면 더 큰 성장은 불가능하다. 고객이 사라지면 사업은 접을 수밖에 없다. 사업체의 성장 동력은 고객 만족에 있다는 사실을 명심하고, 항상 고객을 중심에 두고 사업을 운영하자.

앞으로 3장에서는 스타트업이 무한경쟁의 시대에 살아남아 번영으로 나아가기 위해 창업가가 꼭 알아야 하는 것들을 하나씩 살펴보려고 한다. 스타트업을 견실한 스케일업 기업으로 이끄는 것은 거대한 자본력이나 기발한 아이디어, 탁월한 구성원들이 아닌 창업가의 뜨거운 열망과 실패에도 꺾이지 않는 꿋꿋한 태도라는 사실을 기억하라.

# 고객과 발맞추어
# 스케일업하라

## 고객은 숫자가 아니다

제품이나 서비스가 많이 팔리기 시작하면, 많은 수의 창업가가 이윤을 극대화하는 데에 관심을 집중한다. 고객을 한 명 한 명 다른 상황에 놓인, 그래서 저마다 다양한 욕구를 지닌 인간으로 보지 않고 하나의 숫자로 뭉뚱그려 파악한다.

이처럼 창업가가 이익에만 초점을 맞추면 고객의 생각을 확인하는 과정을 게을리 하게 된다. 고객의 생각과 필요를 제멋대로 어림짐작하고 자기에게 유리하게 해석하게 된다. 그 결과는? 처참한 실패 또는 퇴보다.

예를 들어, 립스틱을 자체 개발해서 인스타그램 등의 SNS에서 판매하는 창업가가 있다고 치자. 이 창업가가 립스틱을 100개 만들었는데, 모두 팔렸다. 그래서 1,000개를 만들었는데, 이번에도 전부 팔렸다. 이때 창업가는 큰 결단을 내린다. 지금까지 번 돈을 몽땅 털어넣어 1만 개의 립스틱을 만들기로 마음먹은 것이다. 창업가는 대폭 저렴해진 단가에 극대화될 수익을 기대하지만, 현실은 재고로 쌓인 9,000개의 립스틱이다.

이 창업가는 제품 100개를 파는 동안, 그리고 생산량을 1,000개로 늘리고 1만 개로 늘리는 동안 제대로 된 고객 조사를 하지 않았다. 고객의 거주 지역과 연령대, 구매 이유, 요구 사항 등을 살피지 않았다. 그 결과 모든 수고가 물거품이 되고 말았다.

### 고객 불만 듣기를 주저하지 말라

창업가가 위와 같은 실패를 맛보지 않으려면 어떻게 해야 할까? 자신의 제품 또는 서비스를 구매한 사람들의 특징과 의견을 면밀히 확인해야 한다. 누가 왜 샀고, 사용하면서 어떤 생각을 가지게 되었는지 적극적으로 알아보아야 한다. 신규 고객, 재구매 고객, 충성 고객 등 다양한 분류의 고객 그룹을 대상으로 인터뷰를 진행하고 폭넓은 후기를 수집해야 한다. 마케팅 전문가의 자문이나 온라인 설문조사 같은 간접적인 방식보다는 고객의 목소리를 듣는 직접적인 방식이 더욱 효과적이다.

'고객 불만은 실패를 막는 예방주사'라는 말이 있다. 어쩌면 가장 신랄한 고객의 불만 속에 앞으로 나아가야 할 방향의 힌트가 담겨 있을지 모른다. 커다란 성장과 성공을 꿈꾼다면, 고객들의 쓴소리 듣기를 주저하지 말자. 문제점을 찾아내서 해결하면 그만큼 고객 만족도가 높아지고 장기적 관점에서 사업체는 성장하게 되어 있다. 창업가의 스케일업은 고객 만족이라는 큰 틀 안에서 이뤄져야 함을 꼭 기억하길 바란다.

### 규모를 키우되 질도 좋아지게

앞서 스케일업을 할 때에는 밸런스를 맞추는 것이 중요하다고 했다. 여러 스타트업에게 창업 컨설팅을 하면서 느끼는 건 창업가 입장의 스케일업과 고객 입장의 스케일업이 다르다는 점이다. 창업가 입장에서 사업체 규모를 키우는 것과 고객 입장에서 제품과 서비스 질을 좋게 하고 편의성을 높이는 것은 모두 중요하다. 그러므로 안정적인 스케일업을 위해서 창업가는 두 마리 토끼를 함께 잡아야 한다.

모바일 간편 의류 수거 서비스를 하고 있는 '리클'의 예를 들어서 설명해보겠다. 리클은 고객이 헌옷을 자체 봉투에 담아 문 앞에 내놓으면 수거 후, 매입 금액을 계좌로 입금해준다. 수거한 옷은 동남아시아에 수출하거나 국내 일반인에게 판매해 이익을 거둔다.

리클 입장에서 스케일업은 거점을 늘려서 수거량과 판매 가능성을 높이는 것일 테다. 지금 서비스 중인 서울, 경기 고양, 광명, 성남, 부천, 인천 지역을 넘어서 경상도, 전라도 등지까지 사업 지역을 넓히는 것이다. 하지만 이런 스케일업은 현재 리클을 이용하는 고객에게는 별다른 이익을 주지 못한다.

그래서 리클은 얼마 전 수도권 몇몇 지역에 무인 빈티지숍인 '리클스토어'를 열어 운영 중이다. 이것은 고객 입장에서 이득이 커진 스케일업이라고 볼 수 있다. 단순히 입지 않는 옷을 처분할 뿐 아니라, 다른 사람들이 판매한 질 좋은 헌옷을 저렴한 값으로 살 수 있게 되었기 때문이다. 고객 입장에서는 새로운 선택지가 생긴 셈이다.

이처럼 창업가는 스케일업을 할 때 사업체와 고객을 함께 고려해야 한다. 고객 요구를 충실하게 반영해 제품과 서비스를 향상시키고, 사업체의 규모를 키우면서 고객에게 돌아갈 이익도 챙겨야 한다. 둘의 밸런스를 잘 맞추어 나가느냐의 여부에 따라 사업 성장의 성패가 갈릴 것이다.

# 내가 찾은 시장에서
# 승부를 본다

## 스케일업 기업의 연구개발

창업가에게 있어 연구개발, 즉 R&D는 사업을 하는 내내 떼려야 뗄 수 없는 단어다. 아이디어를 가지고 제품을 개발하고 생산하고 판매하는 모든 과정에 연구개발이 필요하다. R&D는 Reserch and Development의 약자인데 Reserch, 즉 연구는 어떤 것을 깊이 조사하고 생각하여 진리를 따져보는 것을 뜻하며 Development, 즉 개발은 연구 결과를 토대로 새로운 생각이나 물건을 내어놓는 것을 말한다. 오늘날 사람들이 편리하게 사용하고 있는 전기, 가전, 로봇, 인공지능 등의 기술과 제품은 모두 연구개발의 결과물이라고 볼 수 있다.

스타트업의 연구개발은 고객 만족을 목표로 이루어져야 한다.

창업 이후 제품시장적합성을 찾은 사업체는 대개 제이(J)커브 곡선을 그리며 급성장을 이루게 된다. 매출과 영업이익이 확 늘어나는 것이다. 이때 창업가는 선택의 기로에 놓인다. 어떻게 매출을 늘리고 어느 방향으로 사업을 확장시킬지 고민하게 된다.

앞서 여러 번 강조했듯이, 창업가는 늘어난 이익을 숫자로, 나에게 떨어진 이득으로만 보아서는 안 된다. 그 이익이 고객으로부터 온 이익이며, 인정받은 이득이라는 생각을 해야 한다. 내가 잘해서 잘된 것도 있지만, 결국 고객이 선택해주어서 얻은 이득이라는 사실을 머릿속에 새겨야 한다.

### 고객에게 이익을 돌려주기 위해 연구해야 한다

매출이 늘어날 때, 창업가는 잘 팔면 그만이라고 생각하기보다 많은 매출이 가능하게 해준 고객들을 생각하며, 이 이득을 어떻게 돌려줄지를 고민하고 고객 만족에 대한 책임감을 느껴야 한다. 자신이 만든 제품을 선택한 고객들의 요구를 충족시키고 다시 제품을 찾도록 하려면 꾸준한 연구개발이 필요하다.

스케일업 기업의 연구개발은 그 초점을 창업가의 욕구나 욕심에 맞춰서는 안 된다. 나의 제품을 찾아준 고객, 내 제품이 충족시켜줄 수 있는 잠재 고객에 두어야 한다. 그러기 위해서는 고객을 분석해 왜 제품을 샀는지, 어떤 점에 만족하고 불만족하는지를 조사하고 개선을 위한 연구와 개발에 나서야 한다.

고객은 본능적으로 좋은 제품과 나쁜 제품을 알아본다. 한번 써보고 아니다 싶은 제품은 절대로 두 번 다시 찾지 않는다. 반면에 경험해보니 좋은 제품, 쓸수록 가치를 체감하는 제품은 계속해서 구입하고 스스로 주위 사람들에게 입소문을 낸다. 자기 돈으로 사서 지인에게 선물하기도 하고, 온라인에 추천하는 댓글을 남기기도 하면서 자발적 서포터가 된다.

이익은 고객에게서 온다. 고객은 만족스러운 경험을 했을 때에만 제품을 다시 찾고, 고객들의 평가는 곧 사업체의 매출로 나타난다. 창업가에게 이익을 가져다주는 건 고객의 인정과 재구매라는 사실을 꼭 기억하자.

## 사랑받은 아이템이 더욱 사랑받도록

고객에게 받은 이익을 효과적으로 돌려주기 위해서는, 창업가가 새로운 제품이나 서비스를 만들기보다는 이미 선택받은 제품을 깊이 있게 연구개발하여 그 성능을 향상시키는 편이 훨씬 낫다. 바지를 잘 만들어서 많이 팔았으니 모자나 액세서리까지 해보자고 나서는 건 비효율적이고 위험한 일이다. 얼핏 비슷해 보이는 제품들도 따져보면 제작과 유통, 홍보 과정이 많이 다르기 때문이다.

스케일업 단계에서는 창업가의 시간과 에너지를 최대한 집중해서 성과를 거둬야 한다. 그러려면 제품시장적합성을 찾은 제품 하나에 모든 노력을 기울이는 것이 효과적이다.

많은 고객에게 사랑받은 아이템에 집중해 큰 성공을 이룬 예로 미국 남성 의류 브랜드 '트루 클래식'이 있다. 2019년 종잣돈 3,000달러(약 400만 원)를 모아 창업한 라이언 바틀렛과 닉 벤투라, 매튜 위닉은 지난해 3,300억 원을 벌어들이며 초대박을 터뜨렸다. 세 창업가는 남성 평균 체형에 잘 맞는 티셔츠 6개를 하나로 묶은 '식스팩'을 처음 선보였는데, 이 제품은 지금까지도 고객들이 가장 즐겨 찾는 베스트셀러다.

창업가들은 시간이 지나면 줄어들거나 늘어나는 티셔츠에 대한 고객들의 불만에 주목했다. 그래서 팔과 어깨는 달라붙되, 배는 넉넉하고 편안한, 부드러운 원단으로 만들어진 합리적 가격의 남성 티셔츠를 제작했다. 같은 디자인의 6개 색상 티셔츠를 한 팩에 묶어서 판매하게 되었고, 이것이 바로 식스팩 제품이다.

트루 클래식의 창업자들은 가파른 매출 상승으로 스케일업을 이룬 지금도 식스팩 제품을 주력 상품으로 판매한다. 이들은 고객이 더 싼 가격에 더욱 질좋은 티셔츠를 구매할 수 있게 파격적인 누적 할인 제도를 실시하고, 자체 홈페이지를 구축해 더욱 편리하게 구매할 수 있도록 만들었다. 그리고 고객에게 저렴한 가격으로 제품을 팔아도 회사에 이익이 돌아올 수 있게 연구개발을 통해 생산성을 높였다.

트루 클래식은 티셔츠가 잘 팔린다고 해서 제품을 마구 다양화하기보다는 인정받은 제품이 더욱 사랑받도록 만드는 방법을 모색했고, 그 결과 지금도 안정적인 성장세를 이어가고 있다. 이처럼 고객에게 선택받은 제품이 더욱 사랑받을 수 있게 노력하다 보면, 스케일업도 자연스레 이뤄진다. 고객 만족이 커져야 사업체도 성장한다는 사실을 꼭 기억하길 바란다.

# 모방할까, 창조할까?

## 나무를 베려면 도끼날부터 갈아야 한다

짧은 시간에 급격한 성장을 이루고자 하는 스타트업에는 효과적인 전략이 필요하다. 미국의 16대 대통령 에이브러햄 링컨은 말했다.

"만일 내게 나무를 베기 위해 한 시간만 주어진다면, 나는 도끼를 가는 데 45분을 쓸 것이다."

혹시 당신은 조급한 마음에 무딘 날의 도끼로 나무를 어설프게 찍어대기만 하고 있지 않은가? 스타트업 창업가들은 대체로 에너지가 많고 실행력이 뛰어나다. 하지만 이런 장점도 제대로 된 전략과 목표 설정이 이루어지 않으면, 오히려 힘만 허비하는 단점이 되고 만다. 누군가 나무를 베어가는 걸 목격하고는 도끼로 쉼 없이 나무를 찍어대지만, 나무는 꿈쩍하지 않고 힘만 빠질 뿐이다. 나무를 베려면 날 선 도끼가 필수다. 예리하게 벼려진 도끼를 쥐고 알맞은 각도로 나무를 찍었을 때 비로소 나무는 쩍 소리와 함께 베어진다.

자본과 인력이 부족한 스타트업에는 무엇보다 날카로운 도끼날과 같은 전략이 필요하다. 실행에 앞서 100퍼센트의 시간과 자본 중에 70퍼센트는 전략을 세우는 데 사용해야 한다. 그렇다면 큰 성장을 꿈꾸는 스타트업에게 필요한 전략에는 어떤 것이 있을까?

### 빠르게 따라잡는, 패스트 팔로워 전략

먼저, 패스트 팔로워(Fast Follower) 전략이 있다. 이것은 새로운 제품이나 기술을 빠르게 아가는 전략이다. 시장에 새로운 모험을 시도하는 퍼스트 펭귄이 나타났을 때, 그 진전 과정을 살펴보다가 가능성이 있다는 사실을 깨달은 순간, 곧장 뛰어드는 방식이다. 재빠른 행동력을 지닌 팀에게 유리한 방식인데, 아마 대부분의 스타트업이 취하고 있는 전략일 것이다.

이처럼 경쟁업체의 경영 방식을 면밀히 분석하여 경쟁업체를 따라잡는 벤치마킹 전략은 시간과 비용을 줄이고 생존 확률을 높여주는, 스타트업에게 아주 유용한 방식이다. 실제로 전 세계, 기업 가치 1조 원 이상의 유니콘 기업들 가운데 상당수가 다른 기업을 모방하는 전략을 취했다. 당신이 하고 있는 사업도 분명 누군가가 이미 했거나 하고 있는 일일 가능성이 높다. 그런 선배 또는 동료들의 성공한 제품, 서비스, 마케팅 전략을 배워서 자기 것으로 소화한다면 효과적인 성장을 도모할 수 있을 것이다.

패스트 팔로워 전략을 펼칠 때 가장 중요한 건 모방하고자 하는 것의 핵심을 제대로 구현하되, 고객 집착을 통해 차별성을 만들어내야 한다는 점이다.

한 가지 예를 들어보자. 칼국수를 먹으러 들어간 식당에서 재료가 다 떨어져 수제비를 차선책으로 주문했다. 수제비 맛은 매우 훌륭했지만 애초에 칼국수를 먹고 싶었기에 완전히 만족스럽지는 않았다. 음식의 '맛'이 절대적인 만족도를 채우지 못한 것이다.

이처럼 고객들은 제품을 구매할 때 그것에 대한 확고한 이미지를 머릿속에 그려놓고 찾는다. 이때의 이미지는 그 시장의 선두주자들이 했던 것과 가장 비슷한 형태를 띨 가능성이 높다. 그렇기에 그런 이미지를 먼저 확실하게 충족시켜주는 것이 우선이다.

그런 다음에 할 일은 차별성을 덧입히는 것이다. 이때의 열쇠는 역시 고객이 쥐고 있다. '고객 집착'이라고 부를 수 있을 만큼 고객이 원하는 것을 집요하게 알아내고 제품이나 서비스에 반영하다 보면, 그 사업체만의 고유한 차별성이 생겨나게 되고, 그것이 강점이 되어 경쟁에서 승리할 발판이 된다. 모방 전략을 펼칠 때에는 단순 모방에서 끝나서는 안 된다는 것을, 다소 시간이 걸리더라도 고객 데이터를 활용한 차별화 지점을 만들어내 독자적인 제품 또는 서비스로 거듭나게 해야 한다는 사실을 꼭 기억하자.

## 새로운 것을 개척하는, 퍼스트 무버 전략

따라가는 자가 있다면 앞선 자도 있는 법. 퍼스트 무버(First Mover) 전략에 대해 알아보자. '퍼스트 무버'는 말 그대로, 가장 먼저 움직이는 자다. 산업의 변화를 주도하고 새로운 분야를 개척하는 창의적인 선도자다.

가장 대표적인 퍼스트 무버로, 테슬라와 스페이스엑스의 CEO이자 솔라시티의 회장인 일론 머스크를 들 수 있다. 그는 한 기업을 이끄는 대표라면 재무제표보다 놀라운 제품을 만드는 것에 힘을 쏟아야 한다고 말한다. '더 나은 제품'보다 '다른 제품' 개발을 지향한 결과, 전기 차나 우주 로켓 같은 과거에는 불가능해 보였던 것들을 가능하게 만들었다.

일론 머스크처럼 퍼스트 무버 전략을 펼치려면, 남들이 도전하지 않는 시장에 뛰어들 수 있는 대단한 용기를 지녀야 한다. 평범한 사람들이 보지 못하는 영역을 볼 수 있는 능력도 갖추어야 하고, 노력한 결과가 사회적인 가치로 연결되어야 한다. 왜냐하면 다른 사람이 쉽게 뛰어들지 못하는 분야를 오랫동안 개척하고 하나씩 만들어가려면 투자자와 사업체 구성원, 고객 모두의 도움이 필요하기 때문이다.

지금까지 큰 성장을 노리는 스타트업이 펼칠 수 있는 두 가지 전략에 대해 살펴보았다. 패스트 팔로워 전략이든, 퍼스트 무버 전략이든 중요한 건 창업가의 올바른 선택과 집중이다. 특히 엇비슷한 제품이나 서비스가 넘쳐나는 요즘 시대에 고객에게 인정받으려면 집착에 가까운 집중이 필요하다. 승부를 가르는 건 언제나 한 끗 차이임을 명심하라.

# 고객 유형에 따른
# 차별화 전략들

## 기업의 문제 해결이 핵심인 B2B

앞서 기존 제품을 적절하게 모방하는 전략과 새로운 것을 창조하는 전략에 대해 알아보았다. 이러한 사업 운영 방식에 따른 전략뿐 아니라 서로 다른 고객의 유형에 따라 알맞은 전략을 짜는 것도 무척 중요하다.

사업체의 고객은 크게 기업, 개인, 정부로 나눌 수 있다. 기업을 대상으로 하는 사업을 B2B(Business-to-Business)라 하고, 다수의 개인을 대상으로 하는 사업을 B2C(Business-to-Customer), 정부 기관을 대상으로 하는 사업을 B2G(Business-to-Government)라 부른다. 전혀 다른 성격과 요구를 지닌 집단이므로, 창업가는 자신이 하는 사업의 특징과 강점 및 약점을 잘 살펴서 고객을 정하고 그에 알맞은 전략을 펼쳐야 한다.

최근 스타트업들의 경향을 분석해보면 B2B사업은 '제품 집착형'이, B2C사업은 '고객 집착형'이 많다. 대표적인 B2B 기업으로 인공지능 커뮤니케이션 플랫폼 센드버드, 기업용 금융 핀테크 플랫폼 웹케시 등이 있고, B2C 기업의 예로는 야놀자, 토스, 마켓컬리, 당근마켓 등이 있다. 당신의 고객이 누군가에 따라서 제품의 개발부터 마케팅, 영업 등의 모든 영역에서 차이가 생겨난다. 자, 이제 각 고객 유형별로 어떤 전략을 펼쳐야 하는지 살펴보자.

먼저 기업 대상의 B2B 사업은 어떻게 접근해야 할까? B2B 사업은 기업의 필요나 문제를 파악해, 그것을 해결하고 개선해주는 제품을 만들어서 판매하고 이후 고객이 된 기업과 함께 사업을 펼쳐나가는 방식으로 진행된다. 무엇보다 기업의 요구에 딱 맞는 제품을 개발하고, 문제를 해결해주는 것이 중요하다.

예를 들어, 다중채널네트워크(MCN) 업계의 선두주자인 샌드박스 네트워크는 고객사의 채팅 솔루션이 부족하다는 사실을 알고, 채팅 응용 프로그래밍 인터페이스, 즉 API를 개발해 국내외 여러 기업에 공급했다. 이후에는 음성통화 API, 영상통화 API를 개발하면서 고객의 요구를 더욱 완벽하게 채워주는 데 성공했고, 그 덕분에 기업 가치 3,000억 원 이상의 예비 유니콘 기업이 되었다.

소상공인·자영업자 경영 관리 서비스 '캐시노트'를 운영하는 한국신용데이터는 맨 처음 자영업자가 기존에 사용하던 기계와 프로그램에서 매출 관련 정보를 쉽게 알아볼 수 없고 누락 내용을 확인하기 어렵다는 점에 착안해, 별도 앱을 만들지 않고 카카오톡에서 사업자를 위한 기초 관리 서비스를 사용할 수 있도록 만들었다. 이후 상권과 고객 분석 서비스로 확장하면서 사업자를 위한 연구 활동을 계속하고 있으며, 그 성과로 기업 가치 1조 원 이상의 유니콘 기업의 반열에 당당히 들어섰다.

두 기업의 예에서 확인할 수 있듯이, B2B 사업은 고객이 될 기업을 특정하고 그 고객이 부족하게 느끼는 부분을 포착해, 빠르게 채워주는 것이 필승 전략이다. 그리고 그 뒤로 고객 기업과 발맞추어 함께 문제를 해결하면서 성장할 수 있도록 도모하는 것이 중요하다. B2B 사업의 고객은 불편했던 부분을 해소하는 것에 집중하고, 비용이나 디자인에는 관심을 비교적 덜 기울이는 특징이 있다.

## 고객 욕구 충족이 핵심인 B2C

다수의 개인을 대상으로 하는 B2C 사업은 이와 전혀 다르다. 엇비슷한 성능의 제품들 가운데 하나를 골라야 할 때 일반 고객들은 디자인을 가장 중요하게 고려한다. 화분이나 휴지통 등의 일상 용품이나 옷, 신발, 액세서리 등의 패션 제품의 경우 디자인 요소가 구매 결정에 무척 중요하게 작용한다.

가격에서 차별화 전략을 펼치는 경우도 많다. 한 예로 골프웨어 '마크앤로나'는 최상위 소비층을 겨냥해서 20~40대의 하이엔드 골프웨어로 자리 잡았다. 그런가 하면, 중저가 전략으로 성공을 거둔 기업도 있다. 대표적인 예로 프랜차이즈 기업 이디야커피를 들 수 있다. 2001년 중앙대 1호점에서 시작된 이디야커피는 저렴하지만 맛은 괜찮은 가성비 커피로 승부를 걸었다. 그 전략이 고객들의 마음을 사로잡으면서, 한때 전국에서 가장 많은 매장 수를 보유할 만큼 폭발적 성장을 이루었다.

이와 달리, 독자적인 프리미엄 이미지를 구축하여 성공한 스타벅스 같은 기업도 있다. 매출 국내 1위인 스타벅스는 주요 상권을 중심으로 고객 감성을 자극하는 차별화 전략을 펼쳤고, 단순 커피숍을 넘어 독특한 문화와 경험을 제공하는 공간으로 자리매김했다.

이 밖에도 키 작은 여성들을 위한 전문 쇼핑앱 '피클링', 남자아이 전용 미술학원 '자라다' 등 B2C 사업체가 펼칠 수 있는 전략은 다양하다. 고객의 욕구를 충족시켜주는 것이 핵심이므로, 무엇보다 고객을 세밀하게 추적하고 분석해 전략을 세울 필요가 있다.

## 국가 사업 수주를 발판 삼아 확장을 꾀하는 B2G

마지막으로 정부 기관 대상의 B2G 전략은 어떻게 구상해야 할까? 먼저 정확한 구매 기관을 선택하고 그 기관이 지속적으로 구매할 수 있는 정책을 가지고 있는지 파악해야 한다.

특히 정부 대상 사업에는 명확한 목표와 그것을 이루기 위한 전략 계획이 필요하다. 또한 국내 기관 사업에서 출발해 세계 국가 기관을 대상으로 한 사업으로 확장시킬지, 아니면 다수의 개인 고객을 타깃으로 한 B2C 사업으로 전환해나갈지 사업 초기에 선택해야 한다.

문화유산 디지털 기록화 전문 기업 캐럿펀트는 효율적인 유물 발굴과 도면 작업을 돕는 '아치쓰리디 라이너((Arch3D Liner)'라는 솔루션을 개발했다. 이 솔루션으로 정부 인증을 받은 캐럿펀트는 구독형 비즈니스 모델로 해외 진출을 노리고 있다. 이처럼 국가 과제를 효율적 기술로 해결해주는 B2G는 비교적 경쟁이 치열하지 않다는 점과 국내에서 쌓은 경험으로 글로벌 시장까지 진출할 수 있다는 점에서 유리하다.

B2G에서 시작해 B2G와 B2C를 병행하는 쪽으로 나아가는 예도 있다. 불가사리를 활용해 제설제를 개발하는 스타스테크는 '바다의 골칫거리' 불가사리를 해체해 친환경 제설제부터 액상비료까지 만드는 업사이클 사업을 하고 있다.

정부의 환경 문제를 같이 해결하고 친환경 제품을 정부 기관 대상으로 판매하면서 안정적인 성장을 이룬 스타스테크는, 한 발짝 더 나아가 불가사리에서 추출한 콜라겐으로 화장품을 개발했다. 고려대 융합에너지공학과 김동휘 교수와 해양성 콜라겐 화장품 연료 '페넬라겐' 개발에 성공했고, 이를 활용한 화장품 브랜드를 론칭해 일반 고객들에게 판매 중이다.

이처럼 정부 기관 대상의 B2G는 초기에 기관과 협력하면서 많은 경험을 쌓고, 그것을 기반으로 더 다양한 사업을 펼칠 수 있다는 장점을 지닌다. 하지만 정부 사업 특성상 제품과 서비스에 대한 인증을 받아야 하는데, 여기에 들어가는 시간과 비용이 만만치 않다. 그래서 사업 전략을 세울 때 정부 출연금, 투자금, 융자금 등의 자금 규모를 파악하고 적절히 운용해야 한다.

지금까지 고객 유형에 따른 사업 운영 전략을 살펴보았다. 생존

을 넘어서 번영으로 나아가려면, 상황에 따라 다른 전략을 펼쳐야
한다. 사업 성공에는 좋은 학벌과 탁월한 두뇌, 풍부한 경력도 중
요하지만 무엇보다 끈질긴 집념과 실행력, 다양한 상황에 유연하
게 대처할 줄 아는 능력이 필요하다. 수많은 경쟁자를 제치고 최종
승리를 거두는 자는 숱한 시행착오와 장애물을 해결해 마침내 고
객에게 선택 받은 자임을 잊지 말자.

# 피벗할 결심

## 너무 이른 축포, 너무 작은 샘

간혹 고객 만족도는 높은데 그 수가 적을 때 어떻게 해야 하느냐고 묻는 창업가가 있다. 또는 제품시장적합성을 찾았다고 생각해 규모를 대폭 키웠는데 예상과 달리 고객 반응이 저조해 고민이라는 창업가도 있다. 이럴 때 창업가는 어떻게 해야 할까?

나는 그때가 바로 '피벗'할 시점이라고 생각한다. 고객 수가 작다는 건 시장이 작다는 뜻이다. 창업가가 시장을 만들 수는 없는 노릇이다. 시장이 있는 곳에 사업하러 가야지, 스스로 시장을 만들겠다는 건 무척 오만하고 불가능에 가까운 얘기라고 생각한다.

시장이 작다는 건 사실상 사업성이 없다는 뜻이기 때문에, 처음부터 다시 시작해야 한다. 아이디어를 구상하고 최소기능제품을 만들어 검증하는 단계로 도로 내려와야 한다는 뜻이다. 예상과 달리 고객 반응이 저조한 경우에도 마찬가지다. 제품시장적합성을 실은 찾지 못한 것이기에 다시 찾아가는 과정을 밟아야 한다.

사업은 우물 파기와 비슷한 것 같다. 마르지 않고 물이 퐁퐁 솟아나는 우물을 찾아서 끊임없이 파내려가는 것이다. 그러다가 물이 조금 나오는 구멍을 찾으면 '이 구멍이다!' 하고 계속 더 판다. 파고 파고 또 파고…. 그러다가 세찬 물줄기가 솟구치면 드디어 우물을 찾은 거고, 아무리 파도 물이 안 나오고 오히려 점점 고갈되면 그만 멈추어야 한다. 실패를 겸허하게 인정하고 삽을 내려놓을 때다.

## 하나씩 조금씩 바꿔보기

일단 실패를 인정한 다음 해야 할 것은 실패 원인을 분석하는 것이다. 어디서 잘못되었는지 꼼꼼히 살펴보고 깨달은 뒤, 그 부분을 어떻게 해결하고 수정할지 구상해야 한다.

피벗(pivot)을 사전에서 찾아보면 '원뿔 모양으로 된 회전축' 또는 '농구·핸드볼·배드민턴 따위의 구기나 댄스에서, 한 발을 축으로 하여 회전하는 일'이라고 나온다. 그러니까 한 발을 고정하고 이 방향, 저 방향으로 회전하는 것을 피벗이라고 하는 것이다.

나는 사업의 피벗도 마찬가지라고 생각한다. 한번 실패했다고 아예 다른 영역으로 옮겨가기보다는 내가 해본 것 안에서 조금씩, 하나씩 바꾸어가면서 되는 지점을 찾아가는 편이 낫다고 본다.

창업가가 겪는 대표적인 실패 가운데, 인정을 못 받아서 실패하는 경우와 개발을 잘 못해서 실패하는 경우가 있다. 전자는 제품을 만들어서 출시까지 했는데 안 팔리는 거고, 후자는 개발 단계에서 무언가 착오가 있어서 실패한 것이다.

전자의 경우에 주목할 것은 제품을 만드는 데까지는 성공했다는 점이다. 영업 능력이 부족했든, 판매 시점이 잘못되었든, 마케팅이 문제였든 간에 어쨌든 제품을 만드는 능력은 있었다는 것이다. 그렇다면 이 사람은 다른 제품을 만드는 걸 해봐야 한다고 생각한다. 완전히 처음부터 새로운 영역을 시도하려면 시간과 수고가 너무 많이 들고, 성공 가능성도 낮기 때문이다.

예를 들어, 내가 핸드폰케이스를 만들어서 고객에게 팔았다고 치자. 특정 고객층의 요구에 맞는 케이스를 잘 만들었다고 생각했는데, 잘 안 팔린다. 그렇다면 고객과 품목을 모두 바꾸는 것보다 하나만 바꾸는 것이 효율적이다. 수학 식에서 다른 수를 대입해보듯이, 하나만 바꿔보는 것이다. 이를테면 다른 핸드폰케이스를 디자인해서 만들어보거나, 같은 케이스를 다른 고객층에 팔아보거나 하는 것이다.

사업에 실패했을 때 전혀 다른 영역으로 바꾸는 창업가들이 있다. 옷을 만들다가 갑자기 가구를 만들거나, 가구를 만들다가 식음료 사업에 뛰어들거나 하는 식이다. 이런 경우에는 경험과 지식을 새로 다 쌓아가야 하므로 성공할 확률이 희박하다. 내가 경험해서 아는 범위 안에서 조금씩 바꿔보는 것이 훨씬 효과적이란 점을 명심하자.

## 될 때까지 집요하게 매달리기

피벗에 성공한 예는 정말 많다. 우리가 일상에서 즐겨 사용하는 인스타그램, 페이팔, 배달의민족, 토스 등 수많은 서비스를 제공하는 기업이 전부 여러 차례의 피벗을 통해 현재 위치에 올라설 수 있었다. 오히려 피벗을 하지 않은 회사를 찾기 힘들 정도다.

하나의 제품시장적합성을 찾고 성장했다 하더라도 다음 성장, 투자 유치를 위해서 피벗을 해야 한다. 이처럼 창업가에게 피벗은 필연적인 개념이다.

내가 잘 아는 창업가의 예를 들어보겠다. 이 친구는 20대 중반에 맨 처음 태양열 LED 가로등을 만드는 사업으로 창업했다. 법인 사업자로 등록해 3~4년간 사업을 지속했다. 서울시와 여러 공원에 납품하면서 온 힘을 다해 일했다.

그러다가 화장실 조명도 만들고, 화장실이나 주차장 빈칸을 알려주는 센서 제작 등의 사물인터넷 사업으로 전환해 상장까지 했다. 그리고 나서 LED용 실리콘 렌즈를 개발했고, 그 기술로 자동차 전장 사업에 뛰어들어 마침내 수백억 원의 매출을 거두며 엄청난 성공을 이뤘다.

이 친구는 성공에 이르기까지 수없이 피벗을 해야 했다. 15년 동안 꾸준히 사업을 이어가면서 제품시장적합성을 찾아, 상장을 했음에도 불구하고 충분한 수익을 내지 못해서 계속 투자와 대출을 받았다. 하지만 결코 포기하지 않고 피벗을 계속하면서 방법을 찾은 결과, 그동안 쌓인 노하우와 경험을 기반으로 큰 성공을 이루어낼 수 있었다.

이 친구, 또한 이와 비슷하게 성공한 창업가들을 보면서 내가 느낀 것은 될 때까지 집요하게 파고드는 자만이 목표를 이룬다는 점이다. 실패를 두려워하지 않고, 끊임없이 고객을 찾으면서, 고객의 요구를 충족시켜가는 방법을 만드는 자만이 성장하고 또 성공한다. 평범한 수준을 넘어선 집념과 집요함이 필요하다.

가령, 내 제품이 판매되지 않는다면, 또는 제품에 대한 불만 가득한 후기를 남긴 고객이 있다면, 고객에게 연락해서 자세한 의견을 들어야 한다. 고객에게 메시지를 보내고 전화를 했는데도 답장이 없거나 연락을 받지 않는다면, 고객에게 약속 없이 찾아가보는 것도 방법일 수 있다. 고객이 싫다는데 계속 만나달라고 하는 건 안 되는 일이지만, 내가 할 수 있는 범위 내에서 모든 노력을 기울여 고객의 피드백을 확인하는 건 아주 중요하다. 피벗은 고객과 시장 반응에 대한 면밀한 확인을 토대로 이뤄져야 하기 때문이다.

# 모든 사장의 고민,
# 인재! 인재! 인재!

## 인사가 99퍼센트다

스타트업에게 전략만큼 중요한 건 무엇일까? 바로 사람이다. 수많은 벤처 투자자와 창업 멘토가 입을 모아 말하는 건, 사업 성공을 결정 짓는 건 결국 사람이라는 것이다. 학벌이나 경력보다 끝까지 해내는 능력이 중요하다. 이제 한껏 힘을 모아 대규모 성장을 꾀하려는 스케일업 기업의 경우에도 함께 일하는 사람들의 역량과 태도에 따라 성공이냐 실패냐가 나뉜다고 해도 지나치지 않다.

어떤 사람이 들어오느냐에 따라서 사업체의 분위기가 바뀐다. 시들시들하던 분위기에 생기를 불어넣는 사람이 있는가 하면, 잘되던 일도 꼬이고 복잡하게 만드는 사람도 있다. 어떻게 하면 내 사업체에 꼭 맞는 인재를 데려올 수 있을까? 지금까지 내가 사업을 하면서, 또한 주위 스타트업들을 살펴보면서 채용에 관해 깨닫게 된 점들을 알려주고자 한다.

## 나와 면접자는 갑을관계가 아니다

당신이 이성과 소개팅을 앞두고 있다면 어떻게 준비하겠는가? 몸을 깨끗이 씻고 제일 멋있어 보이는 옷을 입고, 향수도 뿌리고 화장품도 바르며 몸단장에 정성을 쏟지 않겠는가? 또한 만나서 무엇을 먹을지, 어떤 이야기를 나눌지, 내 매력을 어떻게 어필할 것인지 계속 고민하고 준비할 것이다.

나는 창업가의 채용 과정도 이와 동일해야 한다고 본다. 이성과의 소개팅이야, 한번 보고 마음에 안 들면 다시 만나지 않으면 그만이지만 채용은 앞으로 매일 만나서 논의하고 일을 함께해나갈 동료를 뽑는 자리이므로 훨씬 중요하다. 더욱 세심하고 완벽한 준비가 필요하다.

그런데 많은 창업가들이 이 점을 간과하는 것 같다. 중요한 미팅 자리에는 깔끔한 복장에 발표 준비도 착실하게 해서 나타나는데, 회사의 운명을 함께 짊어질 구성원을 뽑는 자리에는 평범한 옷과 태도로 임한다. 꼭 기억해야 하는 점은 창업가와 면접자가 갑을관계가 아니라는 것이다. 내 마음에 드는 면접자여도, 그 면접자가 내 회사를 마음에 들어하지 않으면 관계는 성립되지 않는다. 그러므로 늘 이상형의 면접자를 맞이할 준비를 갖추되, 동등한 눈높이에서 면접자를 대해야 한다.

## 인재상이 구체적으로 정해져 있어야 한다

나도 직원 채용을 하며 뼈아픈 실수를 여러 번 저질렀다. 새로운 일이 생기고 급해서 떠밀리듯이 사람을 채용한 경우에는 대체로 끝이 좋지 않았다. 그래서 직원을 채용할 때 절대로 타협하지 말자고 마음먹었다.

채용 공고를 내기 전에, 창업가와 기존 구성원들 사이에 채용하려는 사람의 역할과 성향 등에 대한 합의가 이뤄져야 한다. 그 사람이 어느 위치에서 어떤 일을 해야 하는지, 어떤 성향의 사람이어야 하는지 충분한 논의 끝에 명확한 결론을 내려야 한다. 가령 마케터를 뽑는다면, 우리 회사의 마케터는 최소 0년 경력의, 성별은 여자, 00세 이하, 지나칠 정도로 활달한 성격에 개인 SNS 계정을 0년 이상 운영한 사람, 포토샵 사용 가능자, 중급 정도의 촬영 기술 보유자 등의 구체적인 기준을 가지고 있어야 한다. 그리고 이런 기준을 결정할 때에는 누구보다 그 일을 함께해야 하는 실무자의 의견을 적극 반영해야 한다.

스타트업의 경우에는 인재상에 딱 맞는 사람을 채용하기가 참 어려운 것이 현실이다. 하지만 그렇다고 타협해서 기준에 맞지 않은 사람을 채용하면 일하는 내내 힘들다. 시간이 좀 걸리더라도, 여러 요소를 충족시켜주는 사람을 기다리고, 적극적으로 찾아서 채용하기를 권한다.

### 핵심을 꿰뚫는 질문을 던지라

창업가가 면접자에게 흔히 하는 질문들이 있다.

- 우리 회사에 지원한 이유가 뭔가요?
- 본인 성격의 장점과 단점이 무어라고 생각하나요?
- 자기계발과 자기관리를 어떻게 하고 있나요?
- 스트레스 관리법이 있다면?
- 어떤 비전을 가지고 있나요?

모두가 한번쯤 듣고 대답해봤을 법한 질문들이다. 그런데 이런 질문에 대한 답으로 그 사람을 파악할 수 있을까? 나는 거의 불가능하다고 본다. 흔한 질문에는 흔한 답변만이 돌아올 뿐이다.

면접자를 제대로 알아보려면, 구체적이고 영리한 질문을 던져보아야 한다. 예를 들자면 다음과 같다.

- 회사 문을 가장 먼저 열고, 마지막으로 닫아본 경험이 있나요? (근면 성실)
- 취미와 여가 생활을 포기하고 연봉의 50퍼센트를 올릴 수 있다면 도전할 건가요? (성취에 대한 열정)
- 가장 설득하기 어려운 사람 또는 일하기 싫은 사람은 어떤 유형인가요? (의사소통 방식)
- 해보지 않은 일을 스스로 찾아서 하라면 어떻게 할 건가요? (학습 능력)
- 20대는 어떤 사람이었고 30대는 어떤 사람이 되길 바라나요? (가치관)
- 가장 힘들었던 경험과 그것을 극복하기 위해 어떤 노력을 했나요? (정신력)
- 무엇 하나에 푹 빠져서 '덕질'을 해본 경험이 있나요? (몰입력)

위와 같은 구체적인 질문들을 던지면, 면접자는 스스로 생각을 정리하면서 대답하게 되고, 그 과정에서 면접자의 진솔한 모습을 드러난다.

나는 구체적인 질문을 던지다가 독특한 면을 발견했을 때, 그

주제에만 집중해서 계속 대화를 나눠보기도 한다. 만약 달리기가 취미라고 한다면 언제부터 달리기를 시작했고, 뭐가 좋은지, 일주일에 몇 번이나 달리는지, 앞으로 목표는 무엇인지 끊임없이 묻고 듣고 답하면서 그 사람의 가치관과 성향을 깊이 알아보려고 노력한다.

면접자가 자주 쓰는 표현도 주요한 힌트가 된다. 사람이 반복해서 쓰는 말에는 성격이나 가치관이 내포되어 있다. 만약 많은 사람을 만나야 하는 영업 직원을 뽑는데, 면접자가 '다르다'는 걸 계속 '틀리다'라고 잘못 말한다면 그 면접자는 채용할 수 없다. 왜냐하면 영업 직원은 말을 조리 있고 정확하게 해야 하기 때문이다.

이처럼 인재 채용을 위해서는 부단한 준비가 필요하다. 창업가가 준비된 만큼, 준비된 인재를 맞이할 수 있다는 점을 꼭 기억하자.

# 아름다운 이별은 가능하다

## '안 나가니?' 묻기 전에, 에너지 심폐소생술을 해보자

스케일업 기업이 직면하는 문제들 가운데 가장 복잡하고 어려운 것이 바로 직원과 조직 문제일 것이다. 사업체의 규모가 커지면 복잡성이 증가하고, 직원들의 역할도 계속해서 진화하게 된다. 그런데 사업체 성장 속도에 발맞추어 함께 나아가지 못하는 직원들이 생기면, 어떻게 해야 할까?

사실 능력이 부족한 건 큰 문제가 아니다. 모르는 건 배우면 되고, 부족한 건 채워나가면 되니까. 정말 큰 문제는 의지와 에너지 부족인 것 같다. 에너지가 부족한 직원은 마치 뱀파이어 또는 물귀신과 같아서, 다른 구성원들의 기운을 쪽쪽 빨아먹고 끝내 자신과 같은 의지박약 상태로 만든다. 그러니 연료 부족으로 고속도로 한 가운데에 멈춰 선 고물차 신세가 되지 않으려면 뒤처지는 직원들의 에너지를 끌어올리는 것이 무엇보다 중요하다.

나는 에너지가 떨어지는 직원을 보면, 일단 솔직하게 터놓고 이야기한다. 불편한 얘기라고 회피하는 대신, 그 직원과 마주 앉아 허심탄회하게 말한다. 지금 상황과 부족한 부분에 대해서 내 의견을 얘기하고, 직원의 생각도 들어본다.

조직이 솔직해야 구성원이 불안해하지 않으므로, 해고 문제에 있어서도 정공법으로 부딪치는 것이 낫다고 본다. 직원의 문제를 발견했을 때 너무 길게 시간을 끌지 않고, 신속하게 대화의 자리를 만드는 것도 매우 중요하다.

나는 직원과 이야기를 나눈 다음, 한 달의 시간을 두고 함께 노력해보자고 제안한다. 같이 노력해서 성과가 개선되면 서로에게 좋은 일이고, 개선되지 않으면 그때에는 헤어지는 것을 고려해보자고 이야기한다. 합의가 이뤄진 뒤에는, 실제로 그 직원과 협업하면서 그를 위한 시간을 되도록 많이 쓰려고 애쓴다. 내가 아는 것을 최대한 가르쳐주고 어려움을 같이 해결하면서, 그 직원의 업무 적응과 성과 개선을 위해서 노력한다.

이런 과정을 통해, 실제 해고 위기를 오히려 기회로 바꾼 직원들도 있다. 회사 입장에서도 좋고 직원 입장에서도 만족스러운 결과다. 물론 끝끝내 헤어지게 된 직원들도 있다. 하지만 서로 최선의 노력을 기울인 한 달의 시간이 있었기에, 직원도 나도 이별을 인정하고 받아들일 수 있었다.

## 해도 해도 안 된다면, 잘 헤어져야 한다

직원의 퇴사는 본인뿐 아니라, 회사의 다른 직원들에게도 큰 영향을 끼친다. 자칫 남아 있는 직원들의 사기를 꺾고 회사 분위기를 흐릴 수 있기 때문에 신중하게 과정을 밟아나가야 한다.

나는 오프보딩(Offboarding)에 신경을 많이 쓴다. '오프보딩'이란 배에서 내린다는 뜻으로, 조직을 떠나는 사람이 퇴직 절차를 잘 마무리할 수 있도록 돕는 과정이다. 대기업에는 오프보딩이 잘 마련되어 있는 반면, 스타트업이나 비교적 작은 규모의 기업에는 제대로 된 매뉴얼이 없는 경우가 많다. 그래서 나는 여러 사례를 참고해 오프보딩을 직접 만들어나갔다.

오프보딩에는 인수인계 절차, 퇴직금 안내, 기밀 유지 협약서 작성뿐만 아니라 인터뷰가 들어간다. 나는 이 인터뷰를 꼭 한다. 나가려는 사람이 조직에 필요한 인재라면 붙잡을 수 있는 마지막 기회이기도 하고, 퇴사자만이 솔직하게 들려줄 수 있는 회사의 문제를 알아차릴 절호의 찬스이기 때문이다.

세계 최고의 OTT 서비스 기업인 넷플릭스는 퇴사자에게 '부검

메일'을 보내기로 유명하다. 이직이든 해고든 퇴사 원인과 상관없이 모든 퇴사자가 받는 부검메일에는 5가지 내용이 들어간다. 그 내용은 다음과 같다.

- 넷플릭스를 왜 떠나게 되었는지
- 일하면서 배운 것과 경험한 것은 무엇인시
- 만약 어떠했더라면 퇴사하지 않았을지
- 퇴사 후 어디로 이직해, 어떤 일을 할 건지
- 직원을 떠나보내는 넷플릭스의 입장은 어떤 것인지

모든 퇴사자는 반드시 이 메일의 물음에 답을 적되, 특별한 경우가 아니라면 원치 않는 내용은 적지 않아도 되고 회사는 직원에게 감사를 표하는 것을 원칙으로 한다. 직속 상사와 인사 담당자의 참여 하에 완성된 메일은 퇴사자가 떠나는 날, 함께 일한 동료에게 발송된다.

부검메일은 넷플릭스에 좋은 영향을 끼친다. 퇴사자는 메일을 작성하며 상사와 오해를 풀기도 하고, 퇴사를 번복하기도 한다. 좋았던 점을 떠올리며 퇴사 후에도 좋은 관계를 이어가기도 한다. 하지만 그보다 더 큰 이득은 회사가 본다. 퇴사 원인을 파악해 조직의 문제를 파악하고 바로잡을 수 있기 때문이다. 공개적이고 투명한 퇴사 문화는 재직자의 불안감을 잠재우고 한 발짝 더 성장할 수 있는 좋은 토대가 된다.

그러니 내보내야 한다면, 잘 떠나보내자. 창업가과 남은 직원들이 퇴사자를 격려하면서 그의 새로운 도전을 응원해주자. 그리고 퇴사자가 들려준 의견을 귀담아듣고, 조직에 알맞게 적용해, 구성원들이 잠재력을 최대로 발휘할 수 있도록 만들자. 서로 득을 보는 '윈윈 이별'은 가능하다.

# 조직 규모에 따른
# 성과 관리법

## 5~10인일 때에는 닥공, 만다르트 기법

앞서 이야기했듯이 스타트업의 성공을 결정 짓는 가장 큰 요인은 사람이다. 일을 계획적으로, 스스로 알아서 잘할 수 있는 사람을 데려오는 것도 중요하지만 그 사람이 나의 사업체에서 잠재력을 최대한 발휘할 수 있도록 이끄는 것은 더욱 중요하다.

그렇다면 어떻게 직원들이 저마다의 능력을 발휘해, 자기 자신의 성장도 이루고 회사의 목표도 실현할 수 있도록 이끌까? 여러 가지 방법이 있는데, 조직 규모에 따라 그때그때 알맞은 방식을 택하는 것이 핵심이다.

먼저 창업가 포함 5인 정도의 규모일 때를 살펴보자. 이때에는 별다른 목표 달성 체계가 필요하지 않다. 소규모 조직일수록 체계적인 시스템을 만들고 무언가를 기록하는 것보다, 당장에 살아남는 것이 우선이기 때문이다. 그래서 5인 이내의 초기 조직일 때에는 '닥공(닥치고 공격)'이 알맞다. 회사가 달성해야 하는 하나의 목표에 모두가 몰입해서 성공의 가능성이 있음을 느껴야 한다.

그렇게 조금씩 목표 달성에 성공해 5인 이상으로 직원이 늘어날 경우에는 어떻게 해야 할까? 중간 관리자를 세우고 팀 구성원들의 목표 달성을 위해 본격적으로 나서야 한다.

아마존 창업자인 제프 베조스가 제시한 팀 운용 원칙으로, two-pizza team rule이 있다. 피자 두 판을 나눠 먹을 수 있는 6~7명 규모로 팀을 꾸리는 것이 효율적이라는 주장이다. 나도 이 의견에 동의한다. 팀 인원이 6명을 넘지 않아야 한다고 본다. 너무 많아지면 한 명의 관리자가 팀원 전부를 챙길 수 없기 때문이다.

조직 규모가 5~6인 이상일 때 가장 효과적인 목표 달성 도구로 '만다라트'가 있다. 만다라트는 목표를 달성한다는 뜻의 'Manda+la'와 기술을 뜻하는 'Art'를 결합해 만든 용어로, 목표를 달성하는 기술이라는 뜻이다. 마쓰무라 야스오 클로버 경영연구소장이 고안한 기법으로, 표가 연꽃 모양이어서 '연꽃 기법'이라고도 불린다.

만다라트 기법을 실행하려면, 먼저 사각형 표를 그리고 한가운데에 핵심 목표를 쓴다. 이루고자 하는 궁극적인 목표를 가운데에 설정하는 것이다. 그리고 나서 그 목표를 이루기 위한 주요 전략 8가지를 쓴다. 그런 다음 또다시 그 8가지 구체적인 전략을 실행하려면 해야 하는 것 8가지를 쓴다.

만다라트 기법을 활용하면 직원들이 저마다 가장 중요한 직무 목표를 스스로 정하고, 그것을 이루기 위해 필요한 8가지 방법을 고민하게 된다. 고민을 한다는 건 무척 중요하다. 스타트업의 변화와 성장 속도는 무척 빠르기 때문에, 구성원들의 정신적 성장이 함께 이뤄지지 않으면 구성원들 사이의 속도 차이로 여러 문제가 생겨날 수 있기 때문이다. 사업체가 200km로 달리고 있고 대부분 비슷하게 달려가는데, 몇몇이 50km로 달린다면 어떻게 될까? 다 같이 점점 속도가 느려지거나, 뒤처지는 몇 명만 동떨어지게 될 것이다.

그러므로 다 함께 사업체의 비전에 부합한 저마다의 목표를 설정하고, 그것을 이루기 위한 구체적인 계획을 고민하고 실행하며 정기적으로 평가하는 건 무척 중요하다. 창업가와 중간 관리자는 모든 구성원이 스스로 고민하고 성찰해, 알맞은 목표를 설정하고 구체적인 계획에 따라 그것을 이뤄나갈 수 있도록 물심양면으로

도와야 한다.

만다라트 기법으로 큰 성공을 이룬 대표적인 예로 미국 메이저 리그의 슈퍼스타 오타니 쇼헤이가 있다. 그는 고등학교 1학년 때 만다라트 기법을 접하고 실행했고, 그 뒤 차근차근 목표를 이루어 지금의 자리에 서게 되었다. 오타니 쇼헤이가 작성한 만다라트 표를 보면 그 구체적인 방법을 알 수 있다.

오타니 쇼헤이의 만다라트 (※ 출처 https://naver.me/GeUjOPRN)

| 몸관리 | 영양제 먹기 | 프론트스쾃 90kg | 인스텝 개선 | 몸통 강화 | 축 흔들지 않기 | 각도를 만든다 | 위에서부터 공을 던진다 | 손목 강화 |
|---|---|---|---|---|---|---|---|---|
| 유연성 | 몸 만들기 | 백스쾃 130kg | 릴리즈 포인트 안정 | 제구 | 불안정 없애기 | 힘 모으기 | 구위 | 하반신 주도 |
| 스태미너 | 가동력 | 식사 저녁7숟갈 아침3숟갈 | 하체 강화 | 몸을 열지 않기 | 멘탈을 컨트롤 | 볼을 앞에서 릴리즈 | 회전수 증가 | 가동력 |
| 뚜렷한 목표·목적 | 일희일비 하지 않기 | 머리는 차갑게 심장은 뜨겁게 | 몸 만들기 | 제구 | 구위 | 축을 돌리기 | 하체 강화 | 체중 증가 |
| 핀치에 강하게 | 멘탈 | 분위기에 휩쓸리지 않기 | 멘탈 | 8구단 드래프트 1순위 | 스피드 160km/h | 몸통 강화 | 스피드 160km/h | 어깨주변 강화 |
| 마음의 파도를 안 만들기 | 승리에 대한 집념 | 동료를 배려하는 마음 | 인간성 | 운 | 변화구 | 가동력 | 라이너 캐치볼 | 피칭 늘리기 |
| 감성 | 사랑받는 사람 | 계획성 | 인사하기 | 쓰레기 줍기 | 야구부실 청소 | 카운트볼 늘리기 | 포크볼 완성 | 슬라이더 구위 |
| 배려 | 인간성 | 감사 | 물건을 소중히 쓰자 | 운 | 심판을 대하는 태도 | 늦게 낙차가 있는 커브 | 변화구 | 좌타자 결정구 |
| 예의 | 신뢰받는 사람 | 지속력 | 긍정적 사고 | 응원받는 사람 | 책읽기 | 직구와 같은 폼으로 던지기 | 스트라이크 볼을 던질 때 제구 | 거리를 상상하기 |

## 15인 넘어가면 OKR, KPI

조직 규모가 15인 이상으로 커지면, 더욱 체계적인 성과 관리 시스템이 필요하다. 이런 조직에 추천할 만한 방법은 OKR이다.

OKR은 목표를 뜻하는 'Object'와 핵심 지표를 뜻하는 'Key Result'의 약자다. 조직 또는 조직의 부서가 목표를 설정하고, 그 것을 이루기 위한 세부 핵심 지표를 정해서 실행하도록 하는 것이다. 이때의 목표와 핵심 지표는 실현 가능성이 있어야 하고 측정할 수 있는 것이어야 한다. 핵심 지표를 모두 이뤘다면 목표가 당연히 달성되어야 하며, 만약 핵심 지표를 이뤘음에도 불구하고 목표를 이루지 못했다면 애초에 설정이 잘못된 것이니 처음부터 다시 해야 한다.

OKR은 조직 내의 구성원들이 자발적으로 도전적인 목표 설정을 할 수 있을 때 더욱 효과를 발휘한다. 성과를 체계적으로 평가할 수 있게 돕는 동시에 조직의 목표와 개인의 목표를 일치시켜 조직 전체의 성과를 극대화하는 데 중점을 두는 것으로, 이 과정을 구성원들이 반복하면 조직은 성공하는 습관을 기를 수 있고 그 결과 궁극적인 목표를 달성할 수 있게 된다. OKR을 실행하는 구체적인 방법의 예는 다음과 같다.

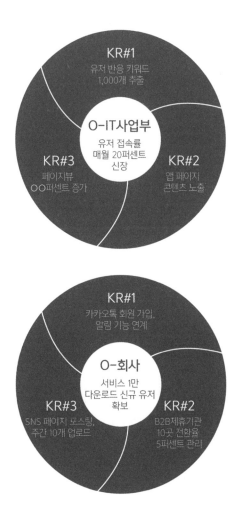

한편, 많은 사업체가 사용하고 있는 KPI 지표도 있다. 이것은 'Key Performance Indicator'의 줄임말로 '핵심 성과 지표'라는 뜻이다. 대개 30명 이상 규모의 조직에서 사용하는 것으로, 사업체가 사업 목표를 얼마나 잘 달성하고 있는지 확인하기 위해 사용하는 척도라고 볼 수 있다. KPI를 사용하면, 목표 달성을 위한 전략을 세우고 그 과정 속에서 현재 성과와 목표치를 비교해 성과를 평가하고 문제점을 개선할 수 있다.

가령, IT 기업의 KPI에는 시스템 또는 프로그램 내의 버그 수나 중요한 데이터의 백업 빈도, 새로 개발된 기능 수 등이 포함될 수 있다. 이처럼 KPI는 성장보단 성과 관리에 초점을 맞춰서 세부적으로 관리하는 방식이고, 조직의 규모가 커졌을 때 알맞은 기법이다.

## 업무 효율성을 최대치로 끌어올리라

앞에서 살펴본 것처럼 사업체의 구성원 개개인, 또는 부서와 팀의 잠재력을 최대한 끌어내는 것도 중요하지만 사업체 전체의 업무 효율성을 높이는 것 또한 매우 필요하다.

청소의 예를 들어 설명하자면, 규모가 작을 때에는 구성원들이 시간을 내서 함께 정리정돈하고 치우는 것이 효율적이다. 하지만 규모가 커지고 처리할 일이 많아졌을 때에는 전문 업체에 청소를 맡기는 편이 낫다. 청소 비용이 들겠지만, 구성원들이 업무에만 매진할 수 있으므로 장기적인 관점에서는 돈을 아끼는 셈이다.

점심 시간도 마찬가지다. 나는 원래 점심 시간을 12시에서 1시로 정해두었다. 그런데 직원들이 점심 시간마다 식당 앞에 줄을 서고 쫓기듯 밥을 먹은 뒤 부랴부랴 업무에 복귀하는 모습을 보고, 점심 시간을 11시 반에서 1시까지로 바꿨다. 그랬더니 직원들이 훨씬 여유로워졌고 업무 효율도 좋아졌다. 근무 시간이 30분 줄었지만 오히려 효율성은 더 높아진 것이다.

이처럼 사업체의 업무 흐름과 환경을 관찰하다 보면, 효율성을 한 단계 높일 수 있는 방법이 보일 것이다. 창업가는 사업체를 이루는 모든 요소가 매끄럽게 돌아가도록 쉼 없이 기름칠을 해야 한다는 걸 기억하기를 바란다.

# 창업가의 강력한 실행력이
# 탄탄한 조직을 만든다

### 내 조직에 딱 맞은 문화 만들기

스케일업 단계에서는 매출, 기업 가치와 함께 인력도 급격하게 늘어난다. 일하는 사람 수가 늘어나면 복잡성도 커지고, 여기저기 문제가 생겨난다. 그에 따라 새로운 제도, 규칙 같은 것들이 만들어지고, 자연스레 조직 안에 일정한 문화가 자리잡기 시작한다.

조직 문화는 어떤 것을 구성원들이 반복해서 하다가 보면 자연스럽게 공유되는 것이다. 삼성에는 삼성의 문화가 있고 카카오에는 카카오의 문화가 있다. 조직 문화에는 정답이 없고, 저마다 가장 알맞은 답을 찾아가면 된다. 조직이 운영되는 방식에 대해 구성원들이 합리적이라고 느낄 때 성공적인 조직 문화가 자리잡혔다고 볼 수 있다.

내 경우에는 성과가 조직을 이끌어가는 힘이라고 생각해서, 구성원들과 성과를 공유하며 기운을 북돋는 것을 중요한 행사로 만들었다. 이 행사의 이름은 '스타트 미팅'이다. 말 그대로 매월 첫 근무일에 열리는, 모든 직원이 참석해야 하는 자리다.

이 자리에서 우리는 지난 한 달간 이룬 성과를 공유하고 공감하며 공명하는 시간을 갖는다. 그리고 시작되는 한 달 동안 우리가 무엇을 할 수 있는지 나누면서 힘껏 달려갈 수 있는 에너지를 만들어낸다. 열심히 일하는 분위기, 성과를 내는 분위기는 정해져 있다고 생각한다. 초기 스타트업일수록 첫날, 첫 시작을 힘차게 열어야 하고, 창업가와 관리자는 에너지를 나눠주는 충전기 같은 존재가 되어야 한다.

나는 구성원들의 근무 의욕을 고취하고 높은 성과를 이끌어내기 위해, 구성원들의 의견을 자세히 듣고 효율을 높일 수 있는 여러 가지 제도를 만들어 실행했다. 이중에는 앞서 소개한 점심 시간 30분 늘리기, 출퇴근 시간을 자율적으로 선택할 수 있는 유연근무제, 도서 구입비 지원, 외부 직무 교육비 50퍼센트 지원, 한 달에 한 번 3시 퇴근 등이 있다.

이 모든 게 거름이 되어서 200퍼센트 성장을 4년 연속 이룰 수 있었다. 이처럼 창업가가 구성원들의 의견을 귀담아듣고 의욕을 북돋아주는 여러 제도를 만들어 실행하다 보면, 능률도 오르고 고유한 문화도 생겨난다.

## 충분한 보상은 높은 성과를 부른다

조직 내에서 주목할 만한 성과를 내는 구성원들의 공통점 중 하나는 대표자를 따라 한다는 것이다. 평소 리더의 생각을 유추하고 행동을 따라 하다 보면 나중에는 비슷한 행동 패턴을 보이면서 기대치보다 높은 성과를 내기도 한다.

나는 창업 후 3년간 매일 혼자서 문을 열고 닫았는데, 어느 날 나보다 먼저 나와 있는 사람이 생겼고 또 나보다 늦게 퇴근하는 사람들이 생겼다. 전처럼 장황하게 설명하지 않아도 내가 무엇을 원하는지 바로 이해하고, 지시하기 전에 벌써 실천한 사람도 겪어보게 되었다.

이렇게 열심히 하는 구성원에게는 확실한 보상을 해줘야 한다. 이때 보상은 업계 평균치나 근속 연수 같은 것이 아닌 창업가가 줄 수 있는 범위 안에서 최대치로 해주는 것이 옳다고 생각한다. 초창기일수록 줄 수 있는 최고의 보상을 해주길 권한다. 실력 있고 충성스러운 구성원의 책임의식과 신뢰를 얻을 수 있다면, 그 정도의 보상은 결코 지나친 낭비가 아니다.

성과가 발생했을 때 신속하게 보상을 해주는 것도 중요하다. 상대방이 기대하기도 전에 보상을 해주면, 감동이 배가된다. 성과에 대한 보상이 곧장 이뤄지면, 구성원들의 의욕이 높아지고 그 결과 업무 성과도 좋아지게 된다.

보상이라고 하면 돈을 떠올리기 쉽다. 물론 돈으로 된 보상도 해줘야겠지만, 돈으로 모든 걸 해결하려고 해서는 안 된다. 많은 창업가들이 '돈을 주면 되겠거니' 하고 착각한다. 하지만 돈만으로는 구성원들의 마음을 얻을 수 없다. 돈과 함께 창업가의 진심과 인정을 적극적으로 표현해야 한다. 회사가 당신의 가치를 얼마나 인정하고 귀하게 여기는지 구성원들에게 수시로 표현하라.

## 끊임없이 '왜'를 설명하라

성장하는 스타트업에 가장 자주 나타나는 문제는 바로 의사소통과 동기 부여의 문제다. 스타트업 창업가들은 스스로 판단하고 일을 처리하는 데 익숙하다. 애초에 그런 능동적이고 주체적인 기질이 창업에 나서도록 이끌었을 것이다.

하지만 직원들은 대개 수동적인 태도를 보인다. 무엇을 해야 하는지 알아서 하는 사람은 극소수다. 창업가의 능동성과 직원들의 수동성이 부딪치면 오해와 갈등이 생긴다. 이런 사태를 방지하려면 창업가가 직원들과 항상 활발하게 소통해야 한다.

특히 업무에 대해서는 꾸준한 설명이 필요하다. 단순히 어떤 일을 어떻게 하라는 지시를 내리기보다는, 왜 그 일을 해야 하는지 구체적으로 어떤 방법으로 하는 것이 효과적인지를 충분히 설명해주어야 한다. 그렇게 계속해서 이야기해주면 업무의 내용과 방법, 이유가 직원 내면에 자리잡게 되고, 자연스러운 것이 되어간다. 이런 일이 점차 직원들 사이에서 퍼지면, 분위기가 만들어지고 그것이 일종의 문화가 된다. 그러면 나중에는 직원들이 스스로 나서서, 서로에게 알려주는 모습이 나타난다. 회사의 틀을 자기 것으로 인식하게 된 것이다.

이처럼 구성원들이 모두 같은 곳을 바라보며 함께 움직이는 문화를 만들기 위해서는 창업가의 부단한 노력이 필요하다. 조직이 커갈수록 수렴해야 하는 의견도 늘어나고, 해결할 문제도 많아진다. 그럴 때 창업가가 흔들리거나 나가떨어지져서는 안 된다. 항상 활발하게 구성원들과 소통하면서 적극적으로 보상 체계를 만들고 갈등을 해결해나갈 때, 조직이 탄탄해지고 고유한 문화도 생겨난다는 점을 명심하자.

# 창업가가 알아야 할
# 돈 문제

## 사업 자금 관련 상식

흔히 창업할 때에는 제품 또는 서비스를 만드는 사람, 파는 사람, 결정하는 사람이 필요하다고들 한다. 그런데 사업체가 성장해 그 성장 곡선이 제이(J)커브를 그리는 순간부터는 돈을 버는 사람, 지키는 사람, 불리는 사람이 필요하게 된다.

창업가는 사업 규모가 커지면 자연스레 돈 관리를 다른 사람에게 맡기게 되지만, 그 스스로도 세무회계나 절세, 자산 증식 상식을 잘 알고 있어야 돈을 안정적으로 지키고 불릴 수 있다. 창업가가 반드시 알아둬야 할 사업 자금 관련 상식에는 어떤 것이 있는지 살펴보자.

창업가들은 개인사업자 또는 법인사업자로 나뉜다. 자신이 하고자 하는 사업 특성을 고려해서 알맞은 선택을 하면 된다. 대체로 세금 문제, 사업 확장 등의 이유로 많은 창업가가 법인사업자로 시작한다. 중소벤처기업부의 창업절차매뉴얼에 따르면 '개인사업자는 기업이 완전한 법인격이 없으므로 소유와 경영이 소유자에게 종속하는 기업 형태이고, 법인사업자는 기업이 완전한 법인격을 가지고 스스로의 권리와 의무의 주체가 되어 기업의 소유자로부터 분리되어 영속성을 존재할 수 있는 기업 형태'이다. 법인사업자의 경우, 회사≠창업가인 점을 꼭 명심해야 한다.

적절한 자본금으로 법인 사업을 시작했다면, 시작부터 주의해야 할 것은 가수금, 가지급금이다. 이미 잘 알고 있겠지만, '가수금'은 창업가가 회사에 입금하면 빌려주는 것으로 해석되어 회사가 갚아야 하는 돈이다. 반대로 회사가 창업가에게 급여 외의 입금을 하면 그 돈은 창업가가 회사에 갚아야 하는 돈이고, 이것을 '가지급금'이라 한다.

회사에 자본금이 부족해서 창업가가 개인 돈을 입금하면 가수금이 늘어나고 그 빌려준 돈은 자본금으로 변경할 수 있다. 이것을 '자본 증자'라고 한다. 가지급금은 창업가가 회사 자금을 여러 이유로 가져와서 개인 명의로 사용하는 것인데, 이 금액이 쌓이면 회사는 신용을 잃는다. 1인 법인이라 해도 상법상 별도의 회사인데 창업가가 돈을 마음대로 가져다 쓰면 누가 신뢰할 수 있을까. 가지급금이 일정 수준을 넘으면 세무 조사 대상이 될 수도 있으니 주의하자.

창업가가 직원들의 급여일 다음으로 정확하게 지켜야 하는 날은 부가가치세 납부일이다. 개인사업자는 1년에 2번 반기별로, 법인사업자는 1년에 4번 분기별로 부가가치세 신고를 하고 납부한다. 특히 법인사업자는 매 분기 다음 달 25일까지 부가세를 신고, 납부해야 한다. 만약 이것을 정확하게 지키지 않으면 '불성실가산세'라는 추가 세금을 내게 되므로 제때 잘 납부해야 한다. 한가지 팁을 알려주자면, 부가세 전용 계좌를 만들면 관리가 편리해진다.

세무회계 업무가 어렵고 복잡하기 때문에 대부분의 창업가가 전문 인력의 도움을 받는다. 전문가들이 으레 알아서 절세할 수 있도록 신경 써주고 내가 모르는 것들도 찾아서 알려주겠거니 생각하지만, 그건 착각이다. 그들은 회사가 보내주는 자료를 세법에 맞게 입력하고 신고해줄 뿐이다. 그러므로 창업가가 세무회계 상식을 익히고 사업체의 현금 흐름을 매달 파악해두어야 한다.

## 10억 벌어도 세금 안 낼 수 있다?!

사업체의 규모와 성격에 따라 받을 수 있는 지원, 감면 제도가 다양하므로, 이런 제도들을 잘 알아두면 혜택을 받을 수 있다. 대표적인 감면 제도로 청년고용 세액공제와 벤처인증기업 법인세·소득세 50퍼센트 감면, 연구인력개발비 세액공제가 있다.

예를 들어, 연 매출이 100억 원인데 이 가운데 원가는 30퍼센트로 70억 원의 영업 매출을 내는 사업체가 있다고 치자. 급여와 여러 비용을 합산해 판매비와 관리비 총액은 60억 원이라면, 이 사업체의 이익은 10억 원이다. 이때 예상되는 법인세는 '이익×20퍼센트 - 1,000만 원(누진 공제)' 해서 1억 9,000만 원이다.

만약 이 사업체가 수도권에 위치해 있고 청년 10인과 청년 외 5인을 신규 채용했다면 청년 1명당 1,450만 원 청년 외 근로자 1명당 850만 원을 감면 신청할 수 있다. 총 합산하면 1억 8,750만 원을 감면받을 수 있다. 총 법인세에서 감면받는 금액을 빼면 250만 원이 남는다. 그런데 이 사업체가 창업 3년 미만의 스타트업이고 벤처기업인증을 취득했다면 추가로 50퍼센트 감면을 받을 수 있다.

## 통합고용세액공제 개편

### 현행

**적용 대상:** 상시근로자 (임시·일용직, 초단시간 근로자 제외)

**기본공제** — 공제액(단위: 만 원)

| 구분 | 중소(3년) 수도권 | 중소(3년) 지방 | 중견(3년) | 대(2년) |
|---|---|---|---|---|
| 청년 정규직, 장애인 60세 이상, 경력단절 여성 등 | 1,450 | 1,550 | 800 | 400 |
| 그 외 상시근로자 | 850 | 950 | 450 | |

**추가공제** — 공제액(단위: 만 원)

| 구분 | 중소 | 중견 |
|---|---|---|
| 정규직 전환자(1년 지원) 육아휴직 복귀자(1년 지원) | 1,300 | 900 |

**사후 관리:** 최소 공제연도 대비 2~3년 차 고용감소시 추징

### 개정안(2025년부터)

**적용 대상:** 계속고용+탄력고용 (임시직, 초단시간 근로자 포함)

**기본공제 / 계속고용** — 공제액(단위: 만 원, %)

| 구분 | 중소 수도권 | 중소 지방 | 중견 | 대 |
|---|---|---|---|---|
| 청년, 장애인, 60세 이상, 경력단절자 등 | 2,200 | 2,400 | 1,200 | 400 |
| 그 외 계속고용 | 1,300 | 1,500 | 700 | |

**탄력고용**

| 구분 | 중소 | 중견 | 대 |
|---|---|---|---|
| 임금증가율 3%~20% | 증가분의 20% | 10% | — |
| 임금증가율 20% 초과 | 20% 초과 증가분의 40% | 20% | |

**사후 관리:** 사후관리 폐지, 최초 공제연도 대비 계속고용 인원 유지시 1년 추가 공제

(출처: 기획재정부)

이 밖에도 법인세와 소득세를 감면받을 수 있는 경우는 매우 다양하다. 이런 정부 지원 제도를 잘 알아두었다가 적절히 활용하는 것도 창업가의 능력이라고 볼 수 있다.

## 6개월 비용이 있다면 나머지 돈은 불려야 한다

창업가는 회사 자금을 늘 정확히 파악하고 대비해야 한다. 만약 자금이 부족하다면 필요한 자금의 성격과 사업체의 운영 상태 등을 다각도로 고려해 투자를 받을지, 대출을 받을지 선택해야 한다.

가령 한 사업체가 만드는 제품이나 서비스의 완성도가 90퍼센트 수준이고 10퍼센트만 남은 상황인데 필요한 자금은 1억 원 정도라면 어떻게 해야 할까? 개발을 끝내고 판매에 돌입했을 때 연간 1억 원 이상의 이익을 낼 수 있다면, 투자를 받아서 투자자들과 이익을 나누기보다는 대출을 받는 것이 낫다고 본다.

우리나라는 지역마다 중소기업진흥공단과 신용보증기금, 신용보증재단이 있다. 이런 기관은 중소기업에게 자금을 원활하게 지원하기 위해 만들어진 곳이다. 3년 이내 상환하면 되는 대출 상품이 다양하며, 정부의 이자 지원 제도도 활용할 수 있어서 1~3퍼센트 이내 금리로 대출받을 수 있으므로, 이런 기관을 적극 활용하면 큰 도움이 된다.

이와 달리, 제품 개발을 50퍼센트 마친 상태에서 남은 개발을 위해 필요한 자금이 5억 원 정도인 사업체가 있다고 치자. 개발을 끝내고 제품을 시장에 출시했을 때 예상 매출이 1,000억 원 수준이라면 어떻게 해야 할까? 이처럼 자금을 상환하기까지 시간이 얼마나 걸릴지 예측하기 어렵고 필요한 금액이 상당한 수준인데 예상 매출 규모가 크다면 투자를 받는 것이 낫다. 물론 이 경우에는 투자자에게 명확한 수익 가능성을 제시할 수 있어야 한다.

사업이 승승장구해서 수익이 가파르게 상승할 때에는 어떻게 해야 할까? 이때에는 적극적인 자산 증식에 나서야 한다. '물 들어올 때 노 저어라'는 말이 있듯이, 돈이 들어오기 시작했을 때 크게 늘리고 확보해야 장차 안정적인 성장의 기틀을 닦을 수 있다.

나는 초기 스타트업 창업가들에게 6개월 정도 사업체를 운영할 수 있는 현금이 확보되면, 그 이상의 돈은 따로 떼어서 관리하라고 조언한다. 효과적으로 자금을 늘리는 방법은 무척 다양하다. 금융 상품에 가입할 수도 있을 테고, 부동산을 구매할 수도 있을 것이다. 경우에 따라서는 더 큰 성장을 위해 다른 회사를 살 수도 있다. 저마다 사업체의 발전에 가장 도움이 되는 방향으로 잘 선택하면 된다.

이때에도 창업가가 평소 자산 증식에 대한 지식을 가지고 있으면 크게 도움이 된다. 사업에 있어서 돈이란 혈액과도 같은 필수 불가결한 요소이므로, 항상 돈 관련된 지식을 쌓고 자산 운용 감각을 키워야 한다.

### 회삿돈은 내 돈이 아니다

마지막으로, 창업가가 돈과 관련해 반드시 명심할 것은 '회삿돈은 곧 내 돈이 아니라는 사실'이다. 특히 법인사업자의 경우, 창업가 본인의 급여를 낮게 책정하고 그 상태로 계속 유지하는 것을 종종 보게 된다. 급여를 높이면 그만큼 세금을 많이 내야 하기 때문에 아깝다는 생각에 그러는 것 같다. 하지만 이처럼 사업체와 창업가 본인을 동일시하는 건 심각한 오류다. 사업체 내의 현금은 사업체의 것이고, 창업가는 주주인 것이다. 그러므로 일한 만큼 합당한 급여를 가져가야 한다. 공동 창업가나 다른 직원들에게도 같은 기준이 적용된다.

급여는 사업체 구성원이 열심히 일하고 더 큰 성장을 위해 노력하도록 만드는 동력이다. 물론 지나치게 낮거나 높은 급여 책정은 문제가 될 수 있다. 하지만 적절한 보상 체계는 사업체가 한층 도약할 수 있게 만드는 핵심 토대라는 사실을 꼭 기억하기를 바란다.

# 위기를
# '폭발적 성장 기회'로 삼으라

## 위기 대응 시나리오를 마련하라

위기가 닥쳤을 때 본모습이 나타난다고 했던가. 사업체도 그렇다. 예기치 못한 위기 상황에서 진면목을 드러낸다. 창업가를 중심으로 조직이 탄탄하게 구성되어 기민하게 움직여온 사업체는 위기가 찾아와도 휘청할지언정 무너지지 않는다. 아니, 무너졌다고 해도 금세 다시 일어나 제자리를 찾고 문제 해결에 나선다.

위기는 언제 어디에서 찾아올지 모른다. 위기가 닥쳤을 때에야 해결에 나선다면 이미 늦은 것이다. 그러므로 발생할 수 있는 위기 상황을 미리 따져보고, 올바른 대처 방안을 마련해두어야 한다.

위기에 미흡한 대응으로 큰 손해를 본 예로 모 인터넷 쇼핑몰을 들 수 있다. 이 쇼핑몰 업체는 한때 매출이 1,000억 원 가까이 될 정도로 고객들에게 큰 사랑을 받았다. 그런데 한 고객이 구입한 가공 식품에서 곰팡이로 추정되는 물질을 발견했다. 고객이 그 사실을 쇼핑몰에 알렸으나 업체가 해당 사실을 인정하고 상품 판매 중단, 전량 환불 조치할 때까지 꽤 긴 시간이 걸렸다. 또한 그 과정에서 업체의 상무이사가 자신의 SNS에 달린 관련 문의, 항의 댓글을 삭제하면서 더욱 고객의 불만을 키웠다.

고객의 문제 제기 시점으로부터 두 달이나 지난 뒤에야 업체는 공식 입장을 밝히고 피해자 보상과 재발 방안을 내놓았지만 여론은 이미 싸늘하게 식은 뒤였다. 결국 매출은 60퍼센트 감소했고 이익도 손실로 전환되고 말았다.


반면에 현명한 대처로 위기를 성장 기회로 삼은 예도 있다. 바로 국내 최대 온라인 패션 플랫폼 무신사의 경우다. 무신사는 2019년 양말 홍보 게시물에 '박종철 열사 고문치사 사건'을 희화화한 문구를 사용해 비난받았다.

논란이 일자, 게시 당일 23시경에 게시물을 삭제했다. 다음 날 공식 계정을 통해 1차, 2차 사과문을 게재했고 박종철기념사업회에 공식 사과를 했다. 하루 지나 유족, 사업회에 대면 사과 기회를 요청했고 며칠 뒤 대표이사와 임원들은 사업회에 방문해 직접 사과했다. 후원금 전달을 시도했으나, 사업회 측에서는 방문해준 것으로 충분하다며 정중하게 사양했다.

무신사는 3일 후 EBS 최태성 강사를 초빙해, 전 직원 대상 근현대사 민주화 운동 강의를 열었다. 홈페이지에 3차 사과문을 게시했고, 사흘 동안 사과문 팝업을 띄워 유지했다. 그 뒤 홍보물은 2명의 검수자를 거쳐서 게시되는 것으로 업무 규정을 변경했으며, 이 모든 과정을 인스타그램 계정에 공개해 고객과 소통하여 공감대를 형성했다. 경솔한 게시물로 엄청난 비판의 중심에 섰으나, 진정성 있는 사과로 '사과의 정석'이라는 호평을 얻었다. 위기를 더 큰 배움과 성장의 계기로 삼은 것이다.


## 제대로 사과하고 바로잡는 CAP 룰

무신사의 예에서 확인할 수 있듯이, 제대로 된 위기 대응은 오히려 좋은 기회가 되기도 한다. 창업가는 어떤 위기가 발생할지 예측하고 24시간 이내에 그 위기에 대응할 인력과 그 역할을 사전에 배정해두어야 한다. 또한 피해자에 대한 구체적인 보상 방안, 피해 확산 방지책, 사과 방안 등을 미리 준비해야 한다.

올바른 위기 대응 방식으로 'CAP 룰'이 있다. 이 룰을 기억하면 예기치 못한 위기에도 침착하게 대응할 수 있을 것이다.

첫 번째 단계는 Concern & Care(사과와 위로)다. 문제 상황이 터졌을 때, 잘잘못을 가리고 변명하기보다는 먼저 그런 상황에 대한 유감의 뜻을 밝혀야 한다. 24시간 이내에 표명하면 더욱 효과적이다. 고객의 고통과 손실에 대해 진정성 있게 유감을 표현하고 나서, 문제 원인 파악에 나서야 한다. '선사과 후조치'다.

두 번째 단계는 Action(행동)이다. 조직이 그 상황에 대해 어떤 행동을 취할지 보여주는 것이다. 적절한 행동에는 적극적이고 투명한 원인 규명, 문제 해결, 조사 결과 실시간 공개 등이 있다. 이런 내용을 조직 안팎에 신속하게 공개해, 구성원들이 한목소리로 대응할 수 있도록 해야 한다. 입장 표명과 문제 해결에 창업가가 직접 나서는 모습을 보여주면 고객과 조직 구성원들에게 신뢰를 얻을 수 있다.

세 번째 단계는 Prevention(예방)이다. 같은 문제가 두 번 다시 일어나지 않도록 재발 방지 시스템을 만들어 착실히 실행하는 것이다. 이처럼 문제 원인을 정확히 파악하고, 제대로 해결하고, 예방하면 오히려 고객의 신뢰가 커지고 조직이 든든하게 성장하는 계기가 된다. 위기를 몰락의 시작점으로 삼을지, 재도약의 기회로 삼을지는 전적으로 창업가의 마음가짐과 태도에 달려 있다.

## 창업은 끝없는 도전과 모험의 연속이다

우리는 치열한 경쟁 사회에 살고 있다. 오늘 내가 하나의 아이디어를 가지고 창업에 성공했다고 해도, 내일은 쓰디쓴 실패를 맞볼 수도 있다. 스케일업을 이루었다고 해도 또 생존 문제가 기다린다. 시대 상황이 빠르게 바뀌고 그에 따라 고객 요구도 바뀌고 새로운 경쟁 상대가 자꾸만 나타나기 때문에, 창업가는 늘 생존을 위해 달려야만 한다.

성공을 꿈꾸는 창업가가 꼭 갖춰야 할 것이 있다면, 바로 끊임없는 도전의식과 용기일 것이다. 때로는 바퀴벌레처럼 궁핍하고 어려운 처지에서 끝끝내 살아남아야 하고, 때로는 미치광이처럼 몰입하고 될 때까지 매달려야 한다. 많은 사람에게 고생을 사서 한다는 비웃음을 듣기도 한다. 그러나 남들이 닦아놓은 편안한 길 말고 온갖 장애물로 가득한 가시밭길을 걸어가는 용감하고 무모한 창업가들 덕분에 오늘도 삶이 조금 편리해진다.

# 부록

## 해본 선배들의
## 리얼한
## 사업 분투기

앞서 소개한 스타트업 창업 공식과 필승 전략을 실제 사업 현장에서 적용 또는 변주하여, 나름의 성공 드라마를 쓰고 있는 3명의 선배 창업가를 이근웅 저자와 함께 만나 보았다. 각각 창업 3년 차, 5년 차, 16년 차에 접어들어 다양한 분야에서 고군분투하며 성장을 이루고 있는 선배들의 생생한 사업 이야기를 부록에 싣는다.

# " 역발상으로 해결의 실마리를 찾다 "

**권기백 대표**
테라클(주)

**라온북** : 바쁜 와중에 귀한 시간 내어주셔서 감사합니다. 원래 광고 일을 하셨고, 친환경 관련 광고 작업을 하시다가, 환경을 정말로 바꿀 수 있는 건 기술이라고 생각해서 창업하게 되었다는 기사를 읽었어요. 이때 이야기를 자세히 들려주세요.

**권기백** : 저는 대학에서 디자인을 전공하고 광고 대행사에 들어가서 광고기획자(AE)로 사회생활을 시작했어요. 그러다가 카피라이터로 일하고 싶어서, 이직 끝에 카피라이터가 되었습니다.

회사에서 친환경 광고를 진행하면서 모 대기업의 우유 광고 작업을 하게 되었는데, 그 용기가 사실 재활용이 안 되거든요. 그런데도 용기를 잘 씻어서 버리면 재활용이 된다는 식으로 광고를 만들어서 내보내야 했어요. 저는 광고가 나가면 거센 비난을 받을 거라고 예상했는데, 실제로는 많이 칭찬받고 환경부에서 상도 받았습니다.

회사에서 광고 작업을 할 때 직원들에게 제품 관련 공부를 하게 했어요. 그런데 저는 공부를 하면서 이상한 데 꽂혔죠. 이 문제를 과학적으로 해결하는 방법이 이미 나와 있는데, 왜 아무도 해결하려고 나서지 않지? 하는 의문이 생긴 거예요.

기술 공부를 하면서 정부 예산을 지원받을 수 있는 방법도 찾아보고, 그러면서 두 가지 아이템을 생각하게 되었습니다. 하나가 지금 하는 재생 테레프탈산(TPA) 개발 사업이고, 또 하나는 폐플라스틱을 활용해 물 빠짐이 좋은 보도블록을 만드는 사업이었습니다.

저는 기술자가 아니라서, 여러 정부 출연 연구기관이나 대학에 찾아가서 자문을 구했습니다. 당시에 다니고 있던 광고 회사 사람들에게 사업 아이템을 설명하고 함께하자고 제안하기도 했는데, 늘 돌아오는 대답은 '하고 싶으면 네가 해'였습니다.

그때 느낀 일종의 분노가 트리거가 되어서, 무작정 창업에 나서게 되었어요. 지금 돌아보면 엄청 무식했던 거죠. 기술을 사 와서 방법대로 하다 보면 될 거라고 막연하게 생각했거든요. 그때 제 나이 29살, 사회생활 3년 차였어요.

**라온북** : 만약 그때로 돌아간다면 또 창업하시겠어요?

**권기백** : 지금까지의 기억을 가지고 있다면 안 할 것 같아요. (웃음) 저는 운이 정말 좋아서 여기까지 올 수 있었거든요. 전공, 비전공을 떠나서 어떤 일을 벌이려면 팀이 절실하게 필요해요. 근데 저는 전공자도 아니고, 주변에 관련 종사자도 없고, 아는 것도 없고, 돈도 그렇게 많이 들어가는지 몰랐어요. 만약 이 모든 것을 알았다면 오히려 시작하기가 되게 힘들었겠지요.

사업을 갓 시작한 처지에 기업가 정신 같은 걸 운운하는 건 아닌 것 같고, 다만 뭐라도 시작하려면 용기가 있어야 한다고 말하고 싶어요. 근데 용기는 많은 앎에서 나오지는 않는 것 같아요.

**라온북** : 무척 중요한 얘기네요.

**이근웅** : 많이 알면 더 무섭죠. (웃음)

**권기백** : 네. 창업하고 맨 처음에는 기술을 구현할 수 있는 공장을 지어줄 수 있는 사람을 찾아다녔습니다. 대기업에서 30년 동안 근무하다가 은퇴한 분을 만나서, 사업 계획을 얘기했더니 그분이 이렇게 말하셨어요. "모르니까 할 수 있는 일도 있는 거다."

그분이 저를 좋게 보시고, 엔지니어 한 명을 소개해줬어요. 바로 저희 회사 첫 번째 팀원입니다. 57년생으로 나이가 많은 분이에요. 그분은 높은 보수나 지분 같은 것을 전혀 요구하지 않고, 호기심 반 응원하는 마음 반으로 제게 큰 도움을 주셨습니다. 이렇게 사업을 본격적으로 시작하게 되었죠.

**라온북** : 스타트업 관련 책들을 보면 공식이 나오잖아요. 시장 조사를 해야 되고 시제품을 만들어봐야 되고 검증한 뒤에 투자도 받고 팀을 구성해야 한다는 식의 프로세스를 많이 얘기하죠.

그런데 대표님은 창업할 때 그런 공식을 알고 시작하시진 않은 것 같아요.

**권기백** : 공식은 알고 있었어요. 원래 창업에 관심이 많았거든요. 다만 어떤 걸로 어떻게 시작할지를 정하지 못한 상태였죠.

그러다가 실제로 창업에 나선 뒤에 저는 기존 공식의 정반대로 했어요. 기술 창업 분야에는 두 가지 케이스가 있다고 생각하거든요. 대학원에서 석·박사 과정을 밟으면서 같이 공부한 동료들이랑 창업하거나 직장 동료들과 창업하는 경우인데요. 저는 이런 사람들과 완전 결이 다르죠.

제가 봤을 때에는 사업이라는 게 이성적이지는 않은 것 같아요. 돈과 노동력을 쏟아부어서 무언가를 열심히 연구하고 만드는데,

결국 만들어진 것을 세상에 내보였을 때 누가 사줄지 안 사줄지 모르는 거잖아요. 그런데도 사줄 거라는 기대감을 가지고, 시장 조사나 그 밖의 부단한 노력을 기울여서 구매 확률을 높이려고 하죠. 그게 일반적인 사업 과정인데, 저는 고객에게 제품 판매가 이뤄지도록 이끄는 끝 단계에서 일했잖아요.

**라온북** : 광고라는 끝 단계에서 일하며 시장을 보는 눈을 갖게 되었나 보네요.

**권기백** : 그건 잘 모르겠어요. 그저 광고 일을 하면서 느꼈던 건 기업이 소비자의 필요를 정확히 파악하지 못한다는 점이었어요.

제가 몸담았던 회사도 꽤 괜찮은 곳이었는데, 제대로 된 시장 조사를 하지 않았어요. 요즘에는 어떤지 모르지만, 당시에는 대부분의 회사가 그랬어요. 그래서 저는 만약 사업을 한다면 절대로 소비자를 예측하지 말아야겠다고 생각했어요. 대신에 거꾸로 해보기로 마음먹었죠. 일단 물건을 팔아보고, 팔리면 그걸 고도화하는 게 좋겠다고 생각했어요.

그런데 이걸 실행하려면 사업 아이템이 있어야 하잖아요. 그래서 친환경 투수 보도블록이랑 해중합 아이템을 가지고 갖가지 대회에 나가서 사람들이 어떻게 생각하는지도 보고, 고객사들 앞에서 아이템 소개도 해보았죠. 그러다 보니까 확신이 점점 생기더라고요.

많은 창업가가 자기 아이템에 확신을 가지고 시작한다는데, 저는 그렇지 않았어요. '뭐가 될지 어떻게 알아?' 하는 생각이었죠. 제 아이템에 대한 애정은 있었지만 언제든지 아이템을 버릴 수 있었어요. 실제로 보도블록 아이템은 버리기도 했고요.

이처럼 저는 거꾸로 사업을 진행해나갔던 것 같아요. 일단 아이템부터 팔아보고, 누군가 사줄 것 같다 싶으면 써달라고 하고, 연구자를 데려오는 식으로요. 전략이 아니라, 그렇게 할 수밖에 없었어요. 아무것도 확실한 게 없었으니까요. 제가 창업에 나섰을 때에는 저희가 개발하는 기술 자체가 되게 마이너했어요. 사람들이 그다지 관심을 갖지 않는 거였죠.

그래서 저는 먼저 물건을 팔면서 고객이 어떤 걸 원하는지 명확하게 파악하고, 그걸 엄청나게 크게 생산해야 되는구나 깨달아서 그 점을 염두에 두고 연구진들을 뽑았어요. 그러다 보니 대기업 출신이 아니라 처음부터 맨 땅에서 물건을 만들어본 사람들을 찾게 되었고, 그런 실무 경험이 있는 사람들로 팀을 구성한 것이 저희가 빠르게 사업을 추진할 수 있는 원동력이 되었다고 생각해요.

## 반응이 불확실하니까 거꾸로 해보기로
## 먼저 물건을 팔아보고,
## 팔리면 고도화하기로 마음먹다

**라온북** : 어떻게 팀을 구성했는지 더 구체적으로 얘기해주세요.

**권기백** : 운이 좋았어요. 아까 말했듯이 첫 번째 직원은 어떤 분의 소개로 만났고요. 첫 직원은 공장을 짓는 사람이어서, 연구를 해줄 사람이 필요했어요. 그래서 제가 기술 이전을 받았던 화학연구원의 막내 연구원을 데려왔어요. 나랑 같이 해보자고 권유했죠.

**라온북** : 어떤 이유로 권유를 받아들였을까요?

**권기백** : 글쎄요. 저도 궁금해서 많이 물어봤는데, 자기도 모르겠대요. 당시에는 사무실도 없었고, 그 사람이 나를 잘 알지도 못했거든요. 근데 이 친구랑 소통하면서 마음 고생을 좀 했어요. 연구원이랑 이야기해볼 경험이 없었거든요. '왜 말을 저렇게 하지?' 의문스러울 때가 많았어요. 저도 첫 창업이고 그 친구도 첫 직장이여서 둘 다 서툴렀던 것 같아요.

이 친구가 들어온 뒤에는 지원 사업들을 관리해줄 사람이 필요했어요. 그래서 저보다 먼저 창업에 나섰던 친동생을 영입했습니다. 연구 직원, 동생, 저 이렇게 셋이서 인천의 환경 연구실에 자리 잡고 사업을 본격적으로 시작했지요.

그런데 저희 사무실 옆 회사가 비슷한 화학 분야의 사업을 하고 있었어요. 화학 연구하는 분과 기계 하는 분이 공동 대표를 맡고 있었는데, 저는 연구하는 분이랑 마음이 잘 맞았어요. 그래서 그분과 자주 얘기도 나누고, 그분이 박사였기 때문에 저희가 모르는 게 생기면 물어보기도 했죠.

그러던 어느 주말, 그분이 집에 찾아왔어요. 제가 하는 일을 같이 해보고 싶다고 하더라고요. 저도 그런 분이 필요했던 터라 좋다고 했죠. 우선 그분은 같은 공부를 한 친동생을 합류시켰어요. 그 다음에 회사를 정리하고 들어왔죠. 그러면서 그분과 같이 일하던 연구원들이 다 넘어왔죠. 이렇게 연구 팀이 만들어졌어요.

이후 현장을 본격적으로 설계해야 할 시점이 되었습니다. 이때 저희를 심사했던 투자 심사위원이 친한 친구를 소개해주었어요. 이분이 지금 엔지니어링 팀장을 맡고 있는데요. 이분과 함께 일하던 동료들이 모두 저희 팀으로 넘어왔습니다. 그래서 엔지니어링 팀은 다 같은 회사 출신이에요.

**라온북** : 왜 두 팀이나 대표님 회사로 넘어왔을까요?

**권기백** : 저는 연구 팀과 엔지니어링 팀이 합류한 이유를 명확하게 알고 있어요. 논리적인 이유가 있거든요.

저는 어떤 팀원이 오든, 무조건 연봉을 깎고 시작합니다. 스톡옵션이나 다른 보상도 보장해주지 않아요. 그럼에도 불구하고 연구 팀이 저희 회사에 들어온 이유는 명확합니다. 이분들은 자기들이 만든 게 세상에 나가는 걸 보고 싶어했어요. 화학 시장에서는 전부 그렇지는 않겠지만, 어떤 소재 하나를 납품하는 일이 너무 힘들어요. 그런데 제가 비전공자임에도 불구하고 사업에 뛰어들어서 결과를 조금씩 만들어내니까 그 부분이 마음에 들었던 것 같아요. 또 부양 가족이 있는 건 최고기술책임자(CTO) 한 명뿐이어서, 비교적 낮은 연봉도 감수할 수 있었던 것 같습니다.

한편 엔지니어링 팀은 대부분 5~7년 차였는데, 일하면서 답답함을 느끼고 있었어요. 100년 정도 된 일본 회사에서 일했는데, 늘 기존 방식대로 일해야 했고 정답이 정해져 있었다고 해요. 엔지니어링 팀원들은 아이디어와 기술을 적용해보고 싶다는 열망이 커졌고, 그걸 실현할 수 있는 저희 회사로 오게 된 거죠. 세계 최초로 시도하는 것, 엄청 큰 파급력을 지니는 사업에 주도적으로 참여할 수 있다는 점이 가장 큰 매력이었던 것 같습니다.

**라온북** : 그렇군요. 그런데 스타트업 대표들은 인재를 데려가려

고 서로 경쟁하잖아요. 인재에 대한 불안감은 딱히 못 느끼셨나요?

**권기백** : 저도 인재가 필요하다는 생각은 합니다. 최근에 대단한 스펙을 가진 분을 소개받아서 최고 재무 책임자(CFO)로 영입하려고 했어요. 하지만 오랜 대화 끝에 영입에 실패했는데요. 그 이유는 제가 준비되지 않은 대표였기 때문이에요. 회사의 상황이나 규모에 따라 필요한 역량과 능력이 달라진다는 것에는 동의하지만, 제가 너무 높은 연봉의 팀원을 받아들일 준비가 되어 있지 않았고 그러한 팀원을 채용하는 일이 저희 문화와도 맞지 않다고 판단했습니다.

이러한 고민이 생길 때마다, 저는 테라클 가이드라인을 펼쳐보는데요. 이 가이드라인은 제가 창업 초기부터 만들었던 거예요. 지금까지 했던 것 중에 잘했던 것, 못했던 것의 데이터를 토대로 작성된 거죠. 저는 이 가이드라인을 기준으로 인사, 사업 계획 등을 진행하고 있어요. 가이드라인의 첫 번째 항목이 '필요한 사람보다는 함께하고 싶은 사람을 뽑자'예요. 방금 얘기한 분은 필요하긴 하지만 함께하고 싶은, 딱 맞는 인재는 아니었던 거죠.

**라온북** : 대표님이 전공자가 아니기 때문에 어려운 부분도 있을

것 같아요. 제품을 개발하거나 공장을 지을 때, 연구 직원과 엔지니어 의견을 전부 받아들일 수는 없잖아요. 어떻게 관련 지식을 쌓고 결정을 내리세요?

**권기백** : 저는 비전공자이지만, 저보다 저희 사업을 잘 이해하는 사람은 없어요. 제가 지향하는 회사의 방향, 목표가 있고 그것을 팀원들도 공유하고 있죠. 그런데 팀원이 무언가를 제안할 때 그 내용을 제가 이해할 만큼 설명하지 못한다면, 그 팀원이 내용을 잘 모르기 때문이라고 봐요. 연구원이든 엔지니어이든, 자신이 제안하는 것이 공정을 더 효율적으로 만드는지, 유해 화학물질을 덜 쓰도록 하는지, 단가를 낮추는 데 기여하는지, 그것을 구현하는 데 어려움은 없는지 등의 내용을 정확히 파악하고 있다면 저를 설득하는 게 별로 어렵지 않을 거라고 생각합니다. 저도 전공 지식은 없지만 최대한 파악하려고 질문을 많이 하는 편이죠.

**라온북** : 관련 공부도 하시겠네요?

**권기백** : 네. 중학교 과학부터 과외를 받았어요. 주기율표를 다시 외우고 기초부터 배웠어요. 공부하다 보니 과학이 무척 매력적이더라고요. 요즘 제 유튜브 알고리즘은 대부분 화학, 과학 관련

내용입니다. 나, 과학 했어도 괜찮았겠는데 하고 생각하죠. (웃음)

**라온북** : 지금까지 투자를 얼마나 받으셨나요?

**권기백** : 처음에는 예비 창업자 때 부산은행에서 하는 대회를 통해 5천만 원의 시드 투자를 받았고요. 두 번째로 여기에 계신 이근웅 대표님의 뉴본벤처스와 다른 벤처사를 통해 총 4억 원을 투자받았어요. 저는 이게 시드라고 생각하는데 다른 사람들은 프리A로 보더라고요.

이근웅 대표님을 만난 건 부산은행 창업경진대회에서 입상한 뒤였어요. 이 대표님이 관련 보도자료를 보고 제게 먼저 연락하셨어요. 그런데 만난 지 하루이틀 만에 투자를 하시겠다는 거예요. 너무 놀라서 '신종 사기인가' 하고 의심할 정도였죠. 이 대표님이 저희가 하는 사업의 발전 가능성을 높이 사주셔서 과감한 투자를 결정하셨던 것 같아요. 아무튼 이렇게 초기에 4억 5천만 원을 받았고, 올해 3월에 105억 원의 시리즈A 투자를 받았습니다.

**라온북** : 대표님 전공 분야도 아니고, 투자 가뭄인데 어떻게 투자 유치를 할 수 있었는지요?

**권기백** : 짧은 기간 동안 저희가 엄청 유망하다고 평가 받아서 투자를 받을 수 있었던 건 아니고요. 이번 투자를 이끌었던 투자사가 2년의 시간 동안 저희가 어떻게 성장하는지 매 분기별로 살펴보면서 확신이 생겼던 것 같습니다.

사실 프리A 투자를 받은 이후에 시리즈A 투자를 받기 위해 여러 투자사에 메일을 보내거나 투자자들을 찾아다니지는 않았어요. 입장 바꿔서 생각하니, 제가 투자자라도 저희에게 투자를 안 하겠더라고요. 경력도 스펙도 부족하니까요. 투자자들이 어떤 기업에 투자를 할까 생각해보았더니 돈 벌 수 있는 곳, 투자금을 회수할 수 있는 곳에 투자하겠더라고요.

그래서 회사가 이야기한 것들을 정해진 시간 안에 잘 맞추는 모습을 보여줘야 한다고 생각했어요. 실체가 없으면 스펙 같은 것들을 보는데, 실체가 있으면 그걸 볼 것이기 때문이죠. 그래서 또 거꾸로 한 거예요. 투자금으로 제품 개발하고 생산하는 게 아니라, 먼저 개발과 생산을 해놓고 투자금을 받자고요.

그래서 1년 6개월 동안 여수 공장을 설계하고 실제로 가동하는 데 집중했어요. 그리고 이 과정에서 생산이 조금이라도 되면 팔아야 하잖아요. 그래서 저는 고객들을 찾아다니면서 제품 설명하고 계약서까지 받았어요. 실체를 보여주고자 한 모든 노력이 투자라는 결과로 이어지게 된 거예요.

## 스펙보다 실체를 보여주어
## 105억 원 투자를 유치하다

**이근웅** : 제가 봤을 때, 대표님이 여러 창업 관련 대회에서 입상하고, 투자도 유치할 수 있었던 비결은 빠른 실행력과 더불어 전달력이었던 것 같아요. 전공자의 언어는 비전공자들이 알아듣기가 어렵습니다. 대표님은 비전공자이고 마케터로 일했기 때문에, 고객이나 투자자에게 사업 내용을 잘 전달할 수 있었던 것 같아요.

사실 스타트업이 화학 분야 사업을 펼친다는 건 무척 힘든 일인데, 대표님이 비전공자이고 잘 몰랐기 때문에 도전할 수 있었고 어려운 내용을 쉽게 전달해서 투자도 받을 수 있었을 거라고 생각합니다.

**라온북** : 대표님의 팀은 다양한 종류의 폐플라스틱을 환경 오염 없이 무한하게 재사용하는 기술을 개발하고 계시잖아요. 기후 위기 시대에 획기적인 기술이라고 여겨지는데, 이런 기술을 처음 발견하신 건지 아니면 원래 있던 기술을 상용화하는 데 성공하신 건지 궁금합니다.

**권기백** : 저희가 하는 해중합 기술이나, 열분해 기술은 화학 교

과서에 40년 전부터 적혀 있었던 거예요. 하지만 지금까지는 생산자들이 제품 생산과 소비 확대에 열중하느라 이런 재활용 기술에는 큰 신경을 쓰지 않았죠.

그러다가 환경 오염 문제가 심각해지면서, 플라스틱을 안전하게 재활용하는 기술의 필요성이 대두되었습니다. 현재 세계 곳곳에서 폐플라스틱 재활용 기술을 상용화하기 위해 많은 노력을 기울이고 있어요. 앞으로 저희뿐 아니라 많은 기업이 기술 상용화에 성공할 거예요. 어느 팀이 환경에 해를 끼치지 않으면서 경제적으로 대량 생산하느냐가 성공의 척도가 될 겁니다.

저희만의 강점이라면 빠른 실행이 가능한 구조를 꼽을 수 있습니다. 저희는 오로지 이 일을 하기 위해 모인 사람들이거든요. 그래서 한 가지 문제에 집중할 수 있는 형태를 갖추고 있습니다. 또한 일을 해나갈 때에도 불필요한 과정이 없어요. 예를 들어 장비 하나를 살 때에도 예산을 배정받고, 신청하고, 검토받을 필요가 없습니다. 일단 중고장터를 뒤져서 장비를 구해 와서 개조해 쓰거나, 바로 구입해 사용하는 식이어서 속도가 빠르죠.

**라온북** : 스타트업이 지닌 전형적인 장점을 잘 활용하시네요.

**권기백** : 네. 사업을 해보니 한두 명 똑똑하다고 좋은 결과가 나

오는 건 아니더라고요. 혁신적인 기술을 개발해도, 그 기술을 실현할 공장을 지어줄 사람이 필요하고, 자본도 필요하고, 제품을 만들면 또 팔아줄 사람이 필요하죠. 정말 많은 사람이 함께 일해서 하나의 목표를 달성하는 게 사업인 것 같아요. 그리고 이런 사업의 본질을 구성원들에게 이해시키는 것이 제가 맨 먼저 하는 일입니다.

**라온북** : 기술은 아직 개발 단계인가요?

**권기백** : 저는 처음에 원천 기술을 받아 와서 공장을 지으면 되는 줄 알았는데 그게 시작이더라고요. 기술을 만든 분은 공장을 염두에 두지 않았어요. 연구원들은 주로 좋은 논문을 쓰고 상을 받을 수 있는 연구를 하거든요.

그런데 저희는 반대의 연구를 하죠. 보통 좋은 기술이라고 불리는 건 멋이 있어요. 기존 방식에 뭔가 획기적인 게 덧붙여진 형태가 많죠. 하지만 반대로, 저희는 만들어놓은 기술에서 하나씩 빼는 작업을 합니다. 그래야 공정이 간단해지고, 단가가 낮아지거든요. 저는 가장 심플한 기술이 좋은 기술이라고 생각합니다. 현재 저희는 원천 기술을 토대로 사업화 양산화할 수 있는 형태의 기술을 계속 만들어가는 중이에요.

## "정말 많은 사람이 함께 일해서
## 하나의 목표를 달성하는 게 사업 같아요"

**이근웅** : 현재 재생 테레프탈산(TPA) 개발에 집중하고 계신데, 만약 투수 보도블록을 선택했다면 어땠을 거라고 보세요?

**권기백** : 마음속에 계속 찝찝함이 남아 있었을 것 같아요. 투수 보도블록을 안 한 이유가 세 가지 있거든요. 첫째, 시장이 너무 작아요. 국내 시장도 작고, 해외 수출도 어렵거든요. 둘째, 파급력이 약합니다. 친환경 투수 보도블록도 순환 경제로 나아갈 수 있는 아이템이긴 하지만 건설자재 쪽에 특화되어 있죠. 하지만 해중합은 거의 전 산업계에 파급력을 끼칠 수 있습니다.

셋째, 고객 반응이 아주 뜨겁지는 않았어요. 그런데 해중합 아이템을 소개하면 대기업 임원들이 다가와서 제 손을 꼭 붙잡고, 반드시 개발에 성공해달라고 부탁하거든요.

또한 보도블록 경우에는 미세플라스틱 같은, 저희가 해결할 수 없는 문제도 안고 있지만 해중합은 저희가 노력하면 대부분 문제를 해결할 수 있어요. 이 모든 이유로 재생 테레프탈산(TPA) 사업에 집중하기로 선택했습니다.

**라온북** : 역발상이랄지, 신선한 사고방식을 갖고 계신 것 같아요.

**권기백** : 네. 거꾸로 뒤집어보고, 자세히 살펴보는 걸 많이 하는 편입니다. 깊게 보았을 때 실체가 보이거든요. 그때의 실체는 편견이나 상식과는 다릅니다.

회사에서 문제가 발생해 직원들이 당황해서 허둥지둥하면, 저는 그때가 제 역할을 할 시점이라고 생각해요. 역발상으로 재밌는 것들을 많이 떠올리고 제안해서 문제가 해결되도록 이끌죠. 역발상이라기보다는 좀 더 자세히 들여다보기인 것 같아요. 그러면 문제 해결의 실마리도 보이고, 앞으로 나아갈 방향도 발견할 수 있거든요.

**라온북** : 마지막으로 앞으로의 비전에 대해 이야기해주세요.

**권기백** : 제가 사업하면서 가장 많이 들은 얘기가 두 가지인데, 하나는 '그걸 니가 어떻게 해?' 또 하나는 '대기업이 하면 더 잘할 것 같은데'입니다. 실제로 대기업 인수합병 제의를 받은 적도 있지만, 저는 그보다 더 큰 꿈을 꾸고 있습니다.

저희 회사의 비전은 '플라스틱을 환경 오염 없이 무한하게 사용하도록 만드는 것'입니다. 페트뿐만 아니라 폴리우레탄을 곧 출시할 예정이고 앞으로도 계속 품목을 늘려갈 계획입니다.

저희가 판매하는 재생 테레프탈산(TPA) 제품의 시장 규모가 올해 165조 원이거든요. 단일 소재로는 화학 분야에서 세 번째로 큰 시장입니다. 지금까지 사우디아라비아의 석유 회사 아람코가 1위였다면, 앞으로 그린케미컬 시대에는 저희 회사가 제2의 아람코가 되었으면 좋겠다는 바람을 가지고 열심히 나아가고 있습니다.

## " 누구나 여행 콘텐츠로 수익을 창출하게 하다 "

**신성철 대표**

세시간전((주)모먼트스튜디오)


**라온북** : 반갑습니다. 대표님은 여행업에 20년가량 종사하셨네요?


**신성철** : 네. 여행사 직원으로 15년 일하고, 창업해서 올해 5년째 접어들었어요. 사업을 한 건 5년이지만, 여행업에 종사한 건 20년쯤 되었네요.


**라온북** : 창업하실 때 나이가 몇 살이었어요?


**신성철** : 38살이었어요. 결혼해서 아이들도 키우는 형편에서 창업해 사업을 꾸려나가는 일이 쉽지 않았습니다. 그래도 제 사업을

해보고자 관광 스타트업을 창업했는데, 한 달 만에 코로나 사태가 벌어진 거예요. 이후 굉장히 어렵게 사업을 지속하면서 제품시장 적합성을 찾고자 노력했고, 코로나가 잠잠해지면서 다행히 지금 하는 아이템이 좋은 반응을 얻기 시작했어요.

**라온북** : 잘 아는 분야에서 창업했는데, 현재의 사업 형태를 갖추기까지 몇 번이나 아이템을 바꾸셨어요?

**신성철** : 지금이 네 번째 아이템입니다.

첫 번째 아이템은 여행 일정 설계 플랫폼이었어요. 이걸 처음 시작하게 된 계기가 있었는데요. 2017년 미국에 가서 플랫폼 사업이 앞으로도 잘될 거라는 얘기를 듣고 와서, 어느 날 스타벅스에 앉아서 책을 읽으려고 하는데 젊은 친구들이 노트북 2개를 놓고 여행 일정을 짜고 있더라고요. 책이랑 구글 맵, 엑셀 프로그램을 사용하는 모습을 보면서 비효율적이라고 생각했어요. 저처럼 경험 많은 여행자들의 일정을 복사, 활용해 더 쉽게 설계할 수 있도록 만들어주면 좋겠다고 생각해서 창업하게 되었습니다.

그러고 나서 바로 코로나 사태가 벌어졌어요. 사람들이 해외 여행을 못 가니까 국내 여행 쪽으로 발길을 돌렸는데, 국내 여행은 네이버 지도나 카카오 맵만 있으면 충분히 할 수 있으니까 저희 아이템이 필요 없죠. 당시 한국관광공사에서 하는 엑셀러레이팅 프로그램에 참여하고 있었는데요. 프로그램 발표를 하던 도중에 갑자기 '이건 안 될 거야' 하는 깨달음이 오더라고요. 거창하게 시작된 발표는 제 목소리가 점점 줄어들면서 겨우 끝났고, 저는 바로 사무실에 가서 직원들에게 아이템 변경을 제안했습니다.

직원들이 놀라고 실망할 법도 한데 상황을 받아들이고, 새로운 아이템 아이디어를 내놓았습니다. 그렇게 구상하게 된 게 '온갖 카페'라는 거였어요. 여러 카페들의 정보를 모아놓은 서비스였는데, 그걸 두고 일주일 동안 치열하게 토론했습니다. 그런데 아무래도 여행 사업을 해야겠더라고요.

그래서 다시 여행 쪽으로 방향을 돌려서 사업 구상을 시작했습니다. 그러다가 사람들이 여행 콘텐츠를 소비한다는 점에 주목했어요. 그래서 '세시간전'이라는 여행 콘텐츠 플랫폼을 시작하게 되었습니다. 사람들 반응은 꽤 좋았어요. 그런데 문제는 사람들이 저희 플랫폼에서 정보를 보고, 정작 구매는 다른 데서 한다는 점이었어요. 저희가 마련해둔 구매 시스템이 눈에 띄지 않은 탓인지, 가격 경쟁력이 없었던 탓인지 모르겠습니다. 그 사업으론 충분한 돈을 벌 수 없어서 잠시 접어두기로 했어요.

그러고 나서 세 번째로 시도한 것이 프리미엄 여행 매거진 구독 서비스였습니다. 실제로 떠나는 여행뿐만 아니라, 여행을 바라보는 다양한 시각을 담은 매거진이었는데, 구독자 반응은 좋았지만, 이 역시 수익이 많이 발생하지 않았어요. 그래서 열의를 다해 서비스를 만든 직원들에게 일을 맡기고, 저는 새로운 사업을 찾아나섰습니다.

이후 3개월 정도 저희가 지금 하는 사업 아이템을 구상하고, 혼자서 최소기능제품(MVP) 테스트를 해봤는데 되더라고요. 사람들이 기존에 사용하는 블로그나 인스타그램 등의 SNS 채널에서 테스트를 시작한 이유는 사람들이 새로운 곳에 방문하도록 만드는 게 무척 어렵기 때문이에요. 많은 사람이 자기가 플랫폼을 잘 만들어두면 사람들이 자연스레 방문할 거라고 생각하지만, 실은 새로운 플랫폼으로 가도록 만드는 유저 유입 비용이 굉장히 높거든요.

저는 이 점을 깨닫고, 기존 것에 저희 서비스를 녹일 수 있는 방법을 고민했죠. 그 결과 지금의 어필리에이트, 즉 제휴 마케팅 사업을 발견하게 되었고 블로그나 유튜브, 인스타그램 등의 콘텐츠 안에 상품 링크를 첨부하는 식의 서비스를 만들어가게 되었습니다. 서비스 구상 후에 블로그 테스트를 했는데 판매가 이뤄지더라고요. 그때 '정말 되는구나!' 하고 깨달았죠.

## 창업 한 달 만에 터진 코로나 사태
## 세 번의 피벗으로 살아남다

**라온북** : 그렇군요. 창업 시작 시점으로 돌아가서 다시 질문을 드릴게요. 원래 창업을 계획하셨던 건가요?

**신성철** : 아뇨. 원래는 창업 계획이 없었어요.

저는 화 때문에 창업을 했습니다. 사회생활을 비교적 일찍 21살부터 시작했거든요. 처음에는 스포츠 마케팅 하는 회사에 있다가, 여행사에 들어가서 3년 정도 일했습니다. B2B 영업을 해서 꽤 많은 매출을 만들어냈어요. 그럴 경우, 다른 회사는 많은 인센티브를 챙겨주는데 저희 회사는 제게 아무런 보상을 해주지 않더라고요. 너무 화가 났어요.

그럴 바에는 내가 직접 사업을 해서 돈을 벌자, 해서 첫 창업에 나섰습니다. 하지만 문제가 생겨서 회사를 처분하고, 다른 회사에 취직하게 되었어요. 그리고 그곳에서 나와서 1년 동안 광고 대행사에 다녔는데, 이전 회사 사장님이 찾아와서 제게 다시 와서 일하면 지분도 주고 2년 후에는 사장을 하게 해주겠다고 설득하더라고요. 사장에 대한 욕심은 없었지만, 제가 지분이나 결정권을 가질수 있다는 기대감에 돌아갔죠. 그런데 일한 지 1년이 지나고 2년이 지나도록 아무 말이 없는 거예요. 그래서 박차고 나와서 창업하게 된 거예요. 화가 나서 창업하게 된 케이스입니다.

**라온북** : '화'라고 표현하셨지만 내 것에 대한 열망이 있으셨던 것 아닐까요?

**신성철** : 맞습니다. 제가 생각했던 것들을 조금이라도 실행할 수 있었다면, 계속 회사에 남아 있었을 거예요. 하지만 그게 불가능했고, 결국 제 생각을 실행해보고 싶은 마음에 창업하게 된 것 같습니다.

**라온북** : 창업하실 때 자금은 어디서 구하셨어요?

**신성철** : 처음에는 제 장인어른 펀드였죠. (웃음) 감사하게도 1억 원을 투자해주셔서 그걸로 첫 발을 뗐는데요. 그 돈은 금세 다 쓰이더라고요. 그래서 여기저기서 자금을 끌어왔죠.

**라온북** : 직원 몇 명으로 시작하셨나요?

**신성철** : 처음에 공동 창업자가 3명이었고, 같이하는 친구 2명 더 있어서 총 5명이 있었어요. 당시에는 저희가 여행 업계를 이끌어나갈 수 있을 거라고 생각하고 아이템 구상을 했는데, 저희와 비슷한 생각을 한 500명이 하고 있었나 봐요. 유사한 여행 일정 설계

관련 플랫폼이 아주 많더라고요.

저를 포함해 다수의 사업가가 같은 생각을 하고 있었던 거예요. 그다지 독창적인 아이템은 아니었던 거죠. 그리고 고객들이 원하던 것도 아니었던 것 같아요. 방금 전에 제가 발표하다가 이 아이템은 안 될 거라는 깨달음이 왔다고 말씀드렸잖아요. 그때 무슨 생각이 들었냐면, 우리가 여행을 준비할 때 일정 짜면서 가장 설레고 즐겁잖아요. 특히 여행 계획에 시간을 많이 쏟는 여행 고관여자들이 주로 일정을 짜는데, 그걸 쉽게 해준다고 좋아할까 하는 의문이 들었던 거예요. 그 순간 자신감이 확 떨어졌는데, 아니나 다를까 발표를 듣던 심사위원 한 분이 그 점을 지목하시더라고요. 머릿속에 스파크가 일면서, 도저히 안 되는 사업이란 걸 확신했습니다.

좀 더 빨리 깨닫고 방향 전환을 했어야 했는데 초기에는 저희가 이 아이템을 너무 사랑했던 같아요. 그래서 요새 창업하는 후배들을 만나면 아이템과 사랑에 빠지지 말라는 조언을 맨 처음에 합니다. 두 번째로 무조건 돈을 벌어라, 돈 못 벌면 아무것도 안 된다, 세 번째로 팀이 제일 중요하다는 얘기를 하죠. 창업가의 판단에 대해 다른 의견을 내놓을 수 있는 팀원이 있어야 하거든요. 이 산이다 싶어서 올라갔는데 찾던 산이 아닐 수도 있잖아요. 그러니까 가던 중간에라도 방향이 잘못된 것 같다는 얘기를 할 수 있는 사람이 한 명이라도 있어야 해요.

**라온북** : 대표님의 팀은 어떻게 되었는지 궁금합니다. 창업할 때의 팀원들과 계속 함께하셨나요? 지금도 떨어지고, 코로나 사태도 맞이하며 많은 위기를 겪으셨을 텐데요.

**신성철** : 네. 여러 일들이 있었습니다. 그런 일들을 겪은 덕분에 제가 엄청 성장한 것 같아요.

우선 공동창업자 2명이 창업한 다음 해에 갑자기 퇴사했어요. 지금 돌이켜보면 그럴 만도 했던 게, 제가 명확한 기준이 없었거든요. 사람들 말에 이리저리 휩쓸려 다녔습니다. 그런 모습을 보고 공동 창업자들은 나가야겠다고 결심하게 된 것 같아요.

팀원들은 남아 있었어요. 제가 얘기했던 콘텐츠에 가능성이 있다고 봤던 것 같습니다. 어려움 속에서도 팀원들과 사업을 꾸준히 해나갔습니다. 그 모습을 보고 최고 기술 책임자(CTO)였던 친구가 다시 돌아왔어요. 마침 저희도 개발자를 찾던 중이어서 또다시 만나 열심히 함께하게 됐죠.

피벗할 때의 명분은 명확했습니다. 팀원들에게 지금 상황과 사람들의 트렌드에 대해 이야기하고 어떤 방향으로 피벗할 건지 설명했어요. 팀원들이 다행히 제 얘기를 받아들이고, 방법을 찾더라고요.

작년에 투자받기 전에, 프리미엄 매거진 아이템이 잘 안 될 거라는 사실을 깨닫고 공동 창업했던 친구에게 이야기했습니다. 지금 아이템 말고 다른 아이템에서 가능성을 봤는데, 그 일을 하기에 지금 10명 규모의 팀은 너무 커서 반을 줄여야 한다고 말했죠.

우리는 내보내야 할 사람 목록을 함께 작성했고, 그다음 주 월요일에 팀원들에게 그 사실을 알렸습니다. 먼저 계속 함께 일하고 싶은 사람들에게 상황을 설명하고 잔류 의사를 물었습니다. 그리고 내보내야 하는 팀원들은 한 명씩 불러서 사실을 전달하고 양해를 구했죠.

**라온북** : 우리나라는 해고 절차가 까다로운 편이잖아요. 반발하는 팀원도 있었을 것 같은데, 어떻게 이 문제를 해결하셨는지요?

**신성철** : 물론 쉽지 않았습니다. 해고 문제에서 제일 중요한 건 대표의 평소 행실인 것 같아요. 저는 팀원들 월급 지급을 미룬 적이 없습니다. 팀원들을 내보내야 했을 때가 재정적으로 가장 힘든 시기였는데, 그 팀원들에게 약속했죠. 정해진 날짜까지 퇴직금을 주겠다고, 양해해달라고요. 다행히 모두 이해해주었습니다. 한 명도 노동부에 신고하지 않았고, 그때 내보낸 팀원들 중 2명은 현재 저희가 급하게 진행 중인 한 프로젝트 일을 파트타임으로 해주고 있어요.

지금까지 해고 문제로 껄끄러운 마찰을 빚은 팀원은 한 명인데, 이 팀원 덕분에 많은 걸 배웠죠. 해고 문제로 어려움을 겪지 않으려면 수습 기간 3개월 동안 업무 역량이나 태도를 최대한 확인해보라고 얘기해주고 싶어요. 이 팀원을 제외하고는 퇴사한 팀원들과 지금도 연락하며 지냅니다.

**아이템과 사랑에 빠지지 말 것**
**무조건 돈을 벌 것**
**팀을 제일 중요하게 생각할 것**

**라온북** : 그렇군요. 대표님이 지금까지의 경험에서 터득한 채용에 대한 팁이 있다면 알려주시겠어요?

**신성철** : 일단 '적당히'는 안 된다고 생각해요. 이 정도면 괜찮지 싶은 사람을 뽑으면 안 됩니다. 스펙도 중요하지만, 저는 문제 해결 경험과 능력이 있는 사람을 찾아요. 실제로 문제를 발견하고 해결해본 사람을 최우선으로 뽑으려고 합니다.

사실 스타트업에는 해결할 문제가 너무 많거든요. 안 되는 이유가 대부분이고, 되는 이유는 딱 한 가지뿐입니다. 그게 바로 대표의 소신, 뚝심이라고 생각해요. 대표가 강한 의지를 가지고 이끌어나갈 때 함께 문제를 발견하고 해결할 팀원이 있어야, 스타트업이 성공할 수 있습니다. 그러므로 오래 걸리더라도 문제 해결 능력이 있는, 회사에 꼭 필요한 사람이라는 확신이 드는 사람을 채용해야 한다고 봅니다.

**라온북** : 이야기를 듣다 보니 궁금한 점이 생겼는데요. 문제 해결력과 좋은 태도를 함께 갖추면 제일 좋겠지만 둘 중 하나만 가지고 있는 경우, 가령 문제 해결력은 좋지만 태도가 나쁘거나 태도는 좋은데 문제 해결력이 부족한 사람이 있다면 어느 쪽을 선호하시나요?

**신성철** : 얼마 전에 이 문제를 두고 고민한 적이 있습니다. 쉽게 결론 내리기는 어려운 문제인 것 같아요. 저는 여유가 있다면 둘 다 뽑아놓고 볼 것 같습니다. 문제 해결력만 좋다고 팀이 돌아가지는 않거든요. 좋은 태도를 지닌 사람이 있으면 그 옆에 있는 다른 사람들도 그 태도를 배웁니다. 또한 문제 해결력 좋고 업무 능력이 뛰어난 사람이 있으면, 그 사람을 통해 다른 팀원들이 동기 부여를 받거든요. 둘 다 필요한 인재인 거죠.

저는 '최고의 팀원이 최고의 동기부여'라고 생각합니다. 그래서 역량이 뛰어난 외부 인력과 함께 일하면서 팀원들이 좋은 자극을 얻을 수 있도록 이끌고 있어요. 예전에는 그럭저럭 괜찮은 수준의 사람들을 채용했지만, 지금은 저희 회사가 장차 나아갈 단계에 걸맞은 인재를 채용하기 위해 노력합니다.

그런데 초반의 스타트업은 모든 요건을 충족하는 인재를 데려오는 게 어렵죠. 그 경우에는 능력보다 태도가 우선이라고 생각합니다.

**라온북** : 이근웅 저자님은 이 문제에 대해 어떻게 생각하나요?

**이근웅** : 저는 직군에 따라 다른 것 같아요. 예를 들어, 개발 직군의 경우에는 태도보다 실력이 중요하거든요. 그런데 영업 직군은 다릅니다. 실력은 좋지만 태도가 안 좋은 영업직원은 심각한 문제를 가져오죠. 그래서 태도를 더 중요하게 봐야 합니다.

그런데 회사 규모가 10명, 50명, 100명으로 늘어날수록 직원 통제가 잘 안 돼요. 회사가 커지면 다양한 사람들이 그 안에 모두 존재하게 됩니다. 빠릿빠릿한 사람, 느릿느릿한 사람, 온갖 태도와 실력 차이가 존재하죠. 이때부터는 조화를 이루는 일이 중요해집니다.

**라온북** : 그렇군요. 이제 다른 주제로 넘어가볼게요. 대표님은

여러 차례의 피벗 끝에 지금의 사업 아이템을 찾았고, 빠른 성장을 이루고 계신데요. 투자 유치할 때 어떤 점을 내세우시는지 궁금합니다.

**신성철** : 저희가 초반에는 그걸 잘 못했어요. 뭐가 중요한 포인트인지를 잘 몰랐거든요. 그냥 성장하고 있다고 얘기했죠.

사업을 진행하면서 깨달음이 쌓여서, 요즘에는 전환율을 강조하고 있습니다. 사람들이 콘텐츠를 보고 링크를 클릭해 구매로 전환하는 비율이 핵심이라는 생각이 들었기 때문이에요. 우리나라에는 저희처럼 크리에이터들이 콘텐츠에 제휴 링크를 삽입해 수익을 창출할 수 있도록 돕는 플랫폼이 활성화되어 있지 않아요. 반면에 외국에서는 이미 활발하게 형성되고 있는 시스템이거든요. 가령, 미국에서는 전체 전자상거래 업체 가운데 81퍼센트가 제휴 플랫폼을 이용하고 있어요.

이런 플랫폼 사업에서는 전환율이 무척 중요합니다. 평균 전환율이 1.2~3.5퍼센트인데, 저희는 8퍼센트이거든요. 꽤 많은 사람들이 앞서 경험한 사람들의 후기를 따라 구매하고 있다는 증거죠. 이런 성과를 주로 내세워서 투자 유치를 하고 있습니다.

처음 시드 투자는 이근웅 대표님의 뉴본벤처스에서 해주었어요. 그리고 얼마 전 10월에 이 대표님의 뉴본벤처스와 몇몇 벤처

사를 통해 총 6억 원의 프리A 투자를 받았습니다. 사실 우리나라에서는 드문 사업 형태여서 투자 유치에 어려움이 많았는데요. 다음 단계 투자도 잘 준비해서 진행하려고 계획 중이에요.

**라온북** : 이근웅 저자님은 어떻게 초기 투자를 결정하게 되셨나요?

**이근웅** : 저는 엑셀러레이터 협회에 소속되어 활동하면서 업계 대표자에게 처음 신 대표님을 소개받았어요. 여행 산업에 대한 새로운 접근과 여행 크리에이터에 대한 이해도가 높은 점, 매출에 집중하고 있는 점 때문에 투자 결정을 했습니다. 2023년 투자 이후 기업 성장이 더욱 기대되어서 후속 투자를 결정했고, 현재 중소벤처기업부 민관 스타트업 육성 프로그램 '팁스(TIPS)' 추천까지 한 상태입니다. 저희 뉴본벤처스에서 투자한 초기 기업 중에 가장 많은 투자를 한 케이스에요.

**라온북** : 그렇군요. 신 대표님에게 지금 운영하고 있는 사업 형태와 매출 구조에 대해 좀 더 자세히 설명을 부탁드려도 될까요?

**신성철** : 네. '쿠팡 파트너스'를 떠올리면 쉽게 이해하실 수 있을

거예요. 쿠팡 파트너스가 SNS 채널에 광고를 올리고, 방문자가 광고를 클릭해 쿠팡에서 구매하면, 방문자가 구매한 금액의 일정 부분을 떼어 수익으로 지급하죠. 저희 사업도 이런 식으로 이뤄집니다. 다른 점은 여러 제휴 업체를 확보하고, 크리에이터들이 그중에서 선택해 링크를 걸고, 그 결과 발생한 수익을 한번에 확인할 수 있도록 만들었다는 거죠.

저희 사업이 성과를 거두는 이유는 구매 방식의 변화 때문인데요. 요즘 사람들은 여행을 가려고 할 때 인스타그램을 통해 핫플레이스를 찾아요. 유튜브에서는 요약된 일정을 보면서 무엇무엇을 할지에 대한 감을 잡죠. 그러고 나서 자세한 정보는 블로그에서 찾거든요. 그러다 보니, 블로그에 내가 원하는 상품의 링크가 있으면 바로 클릭해서 구매하는 거예요. 저희는 거기서 발생한 수익을 크리에이터와 나눠가지는 식으로 사업을 진행하고 있습니다.


**라온북** : 이런 사업이 폭발적으로 성장할 수 있는 건지, 고개를 갸우뚱하게 되네요.


**신성철** : 저희는 폭발적 성장이 가능하다고 봅니다. 왜냐하면 요즘 사람들은 자신의 기록이나 경험을 통해 돈을 벌고 싶어하기 때문이죠. 지금은 저희가 여행 크리에이터들을 위주로 사업을 펼치

고 있지만, 앞으로는 일반인들도 쉽게 저희 플랫폼을 통해 경험을 공유하고 그것을 통해 수익을 얻을 수 있도록 만들 예정입니다.

**라온북** : 크리에이터들을 통해 사업 검증을 하셨고, 이제 일반인으로까지 대상을 넓혀서 더 큰 성장을 꾀하시려는 거군요.

**이근웅** : 세시간전의 투자자로서 덧붙여 설명해드릴게요. 지금의 유튜브가 존재하는 건 유튜버 덕분이죠. 유튜버가 많아진 건 돈이 되기 때문이고요.

이와 마찬가지라고 봅니다. 유튜브를 통해 연예인뿐 아니라 비연예인들도 크리에이터가 되어 큰 수익을 거두고 있듯이, 세시간전 같은 플랫폼을 통해 여행 경험도 공유하고 수익을 얻고자 하는 사람들이 앞으로 많아질 거라고 생각해요. 아울러, 실제 유저를 통한 판매 시스템이 확립되면, 현재의 복잡한 여행 산업 구조도 더욱 단순하고 투명해질 거라고 기대합니다.

**신성철** : 맞습니다. 유튜버의 예를 보면 이해하기가 쉬워요. 요즘에는 공중파 방송국이 유튜버를 전면에 내세운 프로그램도 많이 제작하고 있죠. 유튜버처럼 경험하고 그것을 기록하는 사람들에 대한 중요성이 계속 커질 거라고 예상합니다.

지금 가장 높은 전환율을 보이는 채널은 블로그인데요. 우리나라 전체 블로그 수가 무려 2000만 개이고, 그중 여행 카테고리에 속하는 블로그가 600만 개나 된다고 합니다. 저희 플랫폼을 활용하는 블로그는 약 1만 3000개이니, 여전히 공략할 대상이 많죠. 앞으로는 블로그 이외의 다른 콘텐츠 채널도 탐색하면서 여행 용품이나 패션, 의료 관광 등 여행 관련 분야로도 확장하고 싶다는 꿈을 가지고 있습니다.

## 더 많은 사람들이 경험을 통한
## 수익 창출을 할 수 있도록

**라온북** : 이야기를 듣다 보니, 대표님 가족의 반응이 궁금해지는데요. 아내와 자녀들은 사업에 대해 어떻게 생각하시나요?

**신성철** : 대체로 믿고 응원해주는 입장입니다. 제가 진짜 복 받은 사람인 것 같아요. 제 부모님은 가끔씩 전화해서 잔소리를 하시는데, 장인 장모님이나 제 아내는 전혀 그런 얘기를 하지 않아요. 저를 믿어서인지, 끝까지 해봐라 하는 마음인지 잘 모르겠지만 어려운 환경에서 일하는 저를 응원해주어 큰 힘이 됩니다. 지금 아이들이 중학생인데, 자기들이 하고 싶은 것 할 수 있게 아빠가 잘되

었으면 좋겠다고 얘기해요.

만약 이런 지지와 응원이 없으면 창업은 정말 어렵지 않을까 생각합니다. 그래서 되도록 결혼하기 전에 창업하고, 만약 기혼이면 창업은 1만 번 고민하라고 권하죠. (웃음)

창업은 스스로를 낭떠러지 앞으로 내모는 행위거든요. 근데 실제로 해보지 않으면 몰라요. 또 집안에 돈이 많아서 사업하다가 망해도 별 타격이 없는 사람은 또 이 심정을 모르죠.

제가 2019년 12월 20일에 창업하고 딱 한 달 만에 코로나 사태가 벌어졌거든요. 두 달 뒤엔가 팀원들이 사업을 그만해야 하지 않나 하는 얘기를 하더라고요. 그때 제가 말했어요. 해야 한다고, 다들 내려오니까 밑바닥에서 우리가 같이 올라갈 수 있을 거라고. 만약 지금 안 하면 올라갈 수도 없다고 말이죠. 버티는 마음으로 여기까지 왔습니다.

**이근웅** : 마지막으로 앞으로의 꿈이나 계획에 대해 이야기해주세요.

**신성철** : 저희의 원래 비전은 '모두의 여행에 가치를 더하다'였습니다. 그런데 이제 '여행'을 '경험'으로 바꿔서 '모두의 경험에 가치를 더하다'라고 정했어요. 보다 많은 사람들이 여러 가지 경험을

통해 수익을 창출할 수 있도록 지원하고, 그것을 통해 저희도 수익을 내고 사업 영역을 확장하는 것이 저희 목표입니다.

저는 제주에서 태어나서, 관광업에 종사하는 아버지를 보며 자랐어요. 어릴 적부터 어깨 너머로 관광 사업을 계속 배웠던 거죠. 저희 사업은 여행자들이 해외로 많이 나갈수록 무조건 잘될 수밖에 없다고 확신합니다. 그런데 한편으로, 우리나라를 외국 사람들에게 알리는 것을 제 개인적인 사명으로 삼고 있거든요. 언젠가 한국관광공사 사장이 되어서 우리나라의 아름다움을 많은 사람에게 알리고 싶어요. 그러기 위해서는 먼저 지금 하고 있는 사업을 성공적으로 이끌어가야겠다고 생각합니다.

# 66
# 창업가의 간절함과 열망이
# 회사를 성장하게 한다
# 99

### 송성근 대표
(주)아이엘사이언스

**라온북** : 인터뷰에 응해주셔서 감사합니다. 아이엘사이언스가 스마트 광학 테크기업으로서 올해 2분기 매출 263억 원, 영업 이익 27억 원을 냈다는 기사를 봤어요.

뛰어난 스펙이나 물려받은 재산 없이 밑바닥에서 시작해 이런 성과를 이뤄내셨는데 어떤 비결이 있는지, 또 과거 대표님처럼 가난한 형편에서 맨손으로 창업하고자 하는 후배 창업가들에게 들려주고 싶은 이야기가 있는지 궁금합니다.

**송성근** : 네. 사실 저는 강의를 잘 하지 않습니다. 의뢰가 들어와도 정중히 거절하는 편인데요. 모교인 가천대학교에는 강의를 하러 갑니다. 왜냐하면 제가 대학교 2학년 때 500만 원을 빌려서 창

업했기 때문에, 감사한 마음에 후배들에게는 강사료 받지 않고 강
의를 해줍니다.

그런데 강의에서 늘 나오는 질문이 있어요. 이런 거죠.

"선배님은 가난한 형편에서 살았기 때문에 꼭 성공해야겠다는
욕구가 강했고 그 덕분에 결국 지금의 성공을 이뤄내신 것 같아요.
그런데 저는 비교적 평탄한 삶을 살아와서 결핍이나 욕구가 그리
강하지 않은데 창업은 하고 싶거든요. 저 같은 사람은 어떻게 해야
할까요?"

이런 질문에 어떻게 답해야 하는지 처음에는 무척 고민이 되었
어요. 근데 생각을 정리해보니, 집안 형편이나 학벌이 중요한 건
아니더라고요. 학벌이 좋든 나쁘든, 자라온 환경이 척박하든 유복
하든, 기회는 똑같이 주어져요.

핵심은 창업을 하는 이유, 꼭 이루고자 하는 목표에 대한 간절
함 같아요. 제가 처음 도소매업으로 창업했을 때에는 가난을 벗고
싶다는 욕구가 강했어요. 하지만 12년간 연구·개발을 진행해 실
리콘렌즈를 상용화하기에 이르도록 만든 힘은 지구상에 소재 혁
신을 이뤄내고야 말겠다는 강한 목표 의식이었습니다. 플라스틱,
아크릴, 유리뿐인 렌즈 시장에 실리콘이라는 소재를 도입해 거대
한 변화를 일으키겠다는 열망이 있었죠.

이처럼 지향점이 명확했기 때문에, 온갖 문제를 해결하고 고통

을 이겨낼 수 있었습니다. 이렇게 할 수 있는 힘은 학벌이나 재산에서 비롯되는 게 아니죠. 창업자의 뚜렷한 목표 의식과 간절함이 성패를 가르는 거예요. 그리고 그런 마음가짐은 창업자가 사람들 앞에서 발표하거나 행동하는 모습에 다 드러납니다. 딱 느낌이 와요. 이근웅 저자도 투자를 하니까 알 거예요. 이 사람이 단순히 투자금을 노리는지, 진짜 세상을 바꿔보고자 하는지, 말하는 걸 보면 알 수 있거든요.

한마디로, 창업하는 이유가 명확하고 그것을 통해 이루고자 하는 목표가 뚜렷할 때, 그것을 지향하는 마음이 간절하고 뜨거울 때 성공할 수 있다고 생각합니다. 이런 명확한 원칙, 기준이 서지 않으면 창업하지 말라고 권합니다.


**라온북** : 그런 원칙을 세울 수 있는 힘은 타고나는 걸까요? 이근웅 저자님이나 대표님은 문제가 생기면 그것이 크든 작든 돌파해내는 힘이 있잖아요. 이런 능력은 타고나는 건지, 여러 가지 상황 속에서 훈련을 통해 만들어지는 건지 궁금합니다.


**송성근** : 이 문제에 대해서는 확고한 신념을 가지고 있습니다. 사람의 성향이나 성품은 상황에 따라 바뀐다고 생각해요. 그래서 저희는 직원을 구할 때 블라인드 채용을 합니다. 제가 면접자에게

던지는 질문은 단순해요. "어떤 환경에서 자랐어요?" 하고 묻습니다. 그리고 인생에서 가장 힘들었던 때가 언제인지, 어떻게 어려움을 이겨냈는지 물어봅니다.

인간이 태어나서 처음 속하게 되는 조직이 가족이잖아요. 가족의 상황과 가족 내에서의 위치가 그 사람의 기본 성품을 만든다고 봅니다. 할머니 밑에서 자란 사람, 부모 불화 속에서 자란 사람, 화목한 가정에서 자란 사람, 또한 형제 중에서 장남 또는 장녀, 중간에 낀 사람, 막내인 사람…. 조건과 위치가 비슷하면 성향도 비슷하게 나타나더라고요.

사랑을 충분히 못 받고 자라거나 늘 불화 속에서 살아온 사람은 회사에서도 갈등을 일으키는 경우가 많아요. 또한 장녀나 장남은 대체로 책임감이 강하고 다른 사람들을 잘 챙기는 것 같습니다. 형제들 중에 가운데 낀 사람은 살아남아야 하니까 밥도 빨리 먹고 인간관계에서 눈치가 빠른 것 같고요. 물론 예외는 있겠지만요.

중소기업의 경우에는 직원 한 명 한 명의 채용이 무척 중요하지 않습니까? 저는 리더급 직원을 채용할 때 이렇게 물어요. 인성이 무척 좋은데 일은 좀 더딘 사람과 인성은 굉장히 안 좋은데 일을 무척 잘하는 사람이 있다면 누구랑 일할 거냐고. 대기업은 두루 채용할 수 있지만, 중소기업은 그럴 수 없거든요. 중소기업은 전자를 택할 수밖에 없어요.

**라온북** : 인성은 좋지만 일이 더딘 사람이요?

**송성근** : 네. 중소기업의 경우, 몇 안 되는 직원들이 함께 일하면서 만들어내는 조직력이 굉장히 중요하기 때문이에요. 100명 이상 규모로 커지면 다양하게 채용해도 되지만, 그보다 작은 규모에서는 모든 조건이 갖춰진 사람이 없다면 지금 좀 느려도 함께 합을 맞추면서 같이 성장할 수 있는 사람을 택해야 해요.

처음 질문으로 되돌아가면, 창업가들도 자라온 환경에 따라 다른 성향을 보이고, 또 그 성향에 따라 사업체를 운영해나가는 것 같아요. 돌파력이나 추진력, 강한 목표 의식 같은 건 타고나는 게 아니라 상황 속에서 길러지는 것 같습니다.

## 창업을 하는 명확한 이유, 목표에 대한 간절함이 있어야 한다

**라온북** : 대표님을 뵙고 이야기를 듣다 보니 궁금증이 생기는데요. 스타트업 10년 생존율이 10퍼센트 미만이라고 하는데, 대표님은 살아남아서 지금까지 사업을 잘 이끌어가고 있잖아요. 그렇게 되기 위해 스타트업 창업가가 갖춰야 할 핵심 역량은 무엇일까요?

**송성근** : 저는 결코 포기하지 않는 정신이 제일 중요하다고 생각합니다. 무조건 포기하지 않고, 어떻게든 온몸으로 버텨야 해요. 그럼 다시 잘되는 날이 올 수 있거든요. 그런데 대부분의 사람들은 고통이 극한에 달하면, 다른 쪽으로 시선을 돌려요. 그러면 중심이 흐트러져서 못 버티거든요. 온전히, 상황을 버텨내고 이겨내는 게 가장 중요합니다.

두 번째로는 시장이 요구하는 변화를 재빨리 예측해 변화하는 능력이 필요해요. 저도 계속 피벗을 했거든요.

**라온북** : 정리하자면, 끝까지 포기하지 않고 살아남는 방법을 계속 찾아야 한다는 얘기네요?

**송성근** : 그렇죠. 늘 긴장하면서 변화에 능동적으로 대처해야 살아남을 수 있어요. 중소기업일수록, 스타트업일수록 신속하게 판단해 변화해야 하거든요. 그런데 스타트업 대표들이 고집이 세요. 한번 정한 아이템을 끝까지 하려고 합니다. 제가 포기하지 않으라는 건 도전이지, 사업 아이템이 아니거든요. 문제가 발생하면 빠르게 해결법을 찾아 실행해야 해요.

제 첫 아이템은 태양광 잔디등이거든요. 그 뒤 수차례 피벗을 해서 지금은 자동차 램프를 만들고 있습니다. 만약 지금까지 계속 잔디등을 만들었다면, 여기까지 올 수 없었겠죠. 저는 매출 1조 원을 목표로 삼았거든요. 태양광 잔디등 사업으로는 1조 원 매출을 이룰 수 없기 때문에 계속 피벗을 했던 거죠. 그 과정에서 실패도 많이 했지만, 실패할 때마다 원인을 찾아 해결했고 그 경험을 발판으로 삼아서 재도약했습니다.

**라온북** : 포기하지 말고 변화에 능동적으로 대처할 것. 또 갖춰야 할 것이라면 무엇일까요?

**송성근** : 잘 맞는 사람이 필요한 것 같아요. 인재를 많이 모으라는 얘기는 아니고요. 스펙보다도, 합이 정말 잘 맞는 사람이 필요해요. 고등학교 졸업자라도 합이 맞는 사람. 목숨 걸고 끝까지 함께 해낼 사람이 있어야 합니다.

이런 열정, 의지가 학벌이나 경력을 이기거든요. 아무리 스펙이 좋아도 합이 안 맞으면 소용없어요. 절대적으로 창업가와 맞는 사람이 필요한 거예요. 특히 초기에는 창업가가 우로 가야 한다고 했을 때 우로 갈 수 있는, 죽이 되든 밥이 되든 무조건 함께하는 사람이 필요합니다. 물론 조직이 커지면 다른 의견을 제안하는 사람도 있어야 하지만요.

**라온북** : 스타트업에서 인재란 창업가와 같이 죽을 수 있는 사람이네요.

**송성근** : 그런 것 같아요. 사업에서 가장 중요한 건 결국 사람인 것 같습니다. 저는 일할 때에는 사사로운 감정을 배제하고 엄격하게 원칙대로 하거든요. 그래서인지 별다른 배임과 횡령 사건을 겪지 않았습니다. 부정을 저지른 직원에 대해서는 법대로 처리해 두 번이나 고소한 적이 있어요. 이런 모습을 보여줬기 때문에 직원들은 제가 뒤도 안 돌아보고 원칙대로, 법대로 하는 타입이라는 걸 잘 알죠.

**라온북** : 처음부터 그렇게 하셨나요?

**송성근** : 아니죠. 저는 화낼 줄도 몰랐습니다. 2008년에 아이폰 출시되기 전에 창업했거든요. '스타트업'이라는 용어도 잘 안 쓰일 때였습니다. 사업을 하면서 역경을 겪으며 지금의 제가 단단하게 만들어졌다고 할 수 있을 것 같아요.

한 인간으로서의 성장 과정과 제가 운영하는 기업이 커온 과정을 좀 분리해서 말씀드릴게요. 제가 커온 과정을 먼저 얘기하자면, 저는 이혼 가정에서 자라났어요. 어머니가 생계 때문에 두 가지 일을 해야 해서 저는 일주일 내내 교회에서 살았어요. 중학생 때 오토바이로 자장면, 피자 배달을 했는데 교회에서 예배 드리다가 전화 받고 배달 가기도 했지요.

술도 못 마시고 화도 못 내는 사람이었는데 창업해, 온갖 술 접대에 험한 일들을 경험하면서 점점 독해졌어요. 제가 하던 사업의 구조상 건설사 발주를 반드시 받아야만 했거든요. 1차사, 2차사로 발주가 내려오고, 저희는 3차사였어요. 당시에 건설사 영업은 전부 술 접대를 통해서 이뤄졌어요. 제가 나이가 어리고 작은 회사를 운영하니까 많은 무시를 당했죠. 접대 자리에 가서 억지로 술 마시고 화장실에 가서 토하는 생활을 10년 정도 하다 보니, 사람이 세지더라고요. 독이 오르는 거죠. 왜 이렇게 해야 하는지, 분노가 치밀었지만 부조리한 구조를 바꿀 수가 없더라고요. 30년, 40년 된 1차사를 무슨 수로 바꾸겠어요.

그런 생각으로 가득 차 있다 보니, 1차사가 되고 싶더라고요. 당시에 매출이 10억 원 정도밖에 안 되었는데, 1차 사가 되려면 매출 100억 원 정도는 되어야 했거든요. 그래서 무리를 하게 된 거예요. 어느 날 조명 수주 18억 원짜리가 들어왔는데, 덜컥 받았어요. 이런 일이 왜 나한테까지 왔지, 하고 따져봤다면 안 했을 텐데 매출 목표 100억 원이 머릿속에 새겨져 있어서 하겠다고 한 거예요. 물건 납품 후에 어음을 받았는데, 그게 부도가 났어요. 원가 14억 원을 고스란히 다 갚아야 하는 상황이 된 거죠. 지금으로 치면 50억 원 정도인데 26살에 그걸 어떻게 갚겠어요?

대부분의 사람이 파산하라고 권했죠. 근데 저는 거기서 파산하면 송성근이라는 사람이 파산했다는 꼬리표가 달리니까, 무조건 1년 안에 다 갚겠다고 기다려달라고 했습니다. 그 뒤 제가 가진 주식을 1퍼센트만 남기고 다 팔고 여기저기에서 돈을 끌어와서, 정말 14억 원을 다 갚았어요. 포기하지 않고 방법을 찾았더니 되더라고요.

**라온북** : 그 상황에서는 대부분 포기할 텐데, 대단하시네요.

**송성근** : 그래서 포기하지 않는 것이 핵심이라고 말한 거예요. 제가 14억 원을 갚고 나니 주위 사람들이 대단하다면서 저를 인정해주더라고요. 그때 많은 1차사, 2차사가 큰 도움을 줬어요.

빚을 다 갚고 나서는 장외 주식을 계속 사들였어요. 당시에 여기 있는 이근웅 저자가 돈을 많이 빌려주기도 했습니다. 그래서 1퍼센트 남았던 주식을 30퍼센트까지 끌어모아서 국내 최연소 상장을 이룰 수 있었어요.

**라온북** : 완전 반전이네요. 이근웅 저자님은 어떻게 송 대표님을

알고 지원하게 되셨나요?

**이근웅** : 송 대표랑 저는 2005년 육군 진천 훈련소 동기예요. 제대 후에도 꾸준히 만나며 친분을 유지했습니다. 2017년 송 대표가 재도약을 꾀하던 시점에, 약 11억 원을 투자하며 코스닥 상장을 할 수 있도록 지원했어요. 요즘에도 가족이 다 함께 여행을 다녀오기도 하고, 사업하다가 힘들 때 도움을 주고받기도 하면서 친하게 지내고 있습니다.

**절대로 포기하지 않기**
**변화에 능동적으로 대처하기**
**합이 잘 맞는 사람과 함께하기**

**라온북** : 좀 다른 주제로 넘어가서 질문을 드릴게요. 혹시 자금을 운용하는 대표님만의 기준이 있나요?

**송성근** : 돈은 항상 부족해요. 가파른 성장을 이루고 있기 때문에 돈도 많이 필요합니다. 예전에 10억 원이 필요했다면 지금은 100억 원이 필요하게 된 거죠.

사실 상장을 해야겠다고 굳게 마음먹은 이유는 상장사는 자금을 구하기가 비교적 수월하기 때문이에요. 그렇지만 마구잡이로 투자를 받을 수도 없어요. 이 부분은 경영 철학과 연관되어 있는데요. 투자를 많이 받으면 주식 발행 수가 늘어나서 기존 주주들의 주식 가치가 희석되잖아요. 저는 주주들에게 손해를 입히면 안 된다고 생각해서, 주식을 매입하기도 하고 얼마 전에는 사옥을 팔기도 했습니다. 주식 가치를 떨어뜨리는 것보다는 우리가 불편한 쪽을 선택한 거죠.

**라온북** : 경영 철학이 처음부터 지금까지 어떻게 변화해왔는지 궁금합니다.

**송성근** : 처음에는 경영 철학이 없었습니다. 그냥 돈을 많이 벌고 싶었어요. 부자가 되고 싶었습니다. 그래서 돈을 많이 버는 게 최고의 목적이었어요.

그러다 직원들이랑 함께 일하면서, 적은 월급을 받고도 무척 열심히 일하는 모습을 보면서 감사한 마음이 생겼어요. 운 좋게도 초기에 헌신적인 직원들이 많이 들어왔거든요. 돈으로 환산할 수 없는 자기 시간과 삶을 회사에 투자하는 사람들을 보면서 묵직한 책임감을 느꼈습니다. 이 사람들에게 어떤 유익을 줄 수 있을지 고민하게 되었죠. 결국에는 제가 정신 똑바로 차리고 사업해서 회사를 성장시켜야 이들의 노고에 대한 보상을 해줄 수 있다는 결론이 나더라고요.

쉬지 않고 달려왔습니다. 직원들 인생이 걸려 있는데 회사가 망하면 안 되잖아요. 저는 이 점이 정말 두렵거든요. 그래서 불철주야 사업에 매진하면서 지속 가능한 경영을 위해 노력했습니다. 상장했을 때에는 제 주식을 전 직원에게 5000만 원씩 무상 증여했습니다. 조금이라도 노고에 대한 보상을 해주고 싶었어요. 한편으로는 직원들의 헌신에 대한 부담감을 조금이라도 털어내야 앞으로 나아갈 수 있을 것 같았고, 실제로 증여 뒤에는 마음이 좀 편안해졌습니다.

직원들에 대한 부담감에서 조금 놓여나고 나니, 세상을 바꾸고 싶다는 열망이 강해지더라고요. 일론 머스크처럼 기술로 세상을 바꿔보자 하는 강한 욕망이 생겼습니다. 전 세계에 소재 혁신을 일으키자는 목표가 생겼죠. 사업을 해나가면서 제 생각과 철학, 목표 의식도 변화하고 확장되어가는 것 같아요.

**라온북** : 대표님이 생각하시는 기업가 정신은 어떤 것인가요?

**송성근** : 일단 '무조건 버티고 성장해야 한다'인 것 같아요. 지속 가능 경영이라고 볼 수도 있는데, 개념이 무척 포괄적이죠. 사업체

는 어떤 물건을 만들어서 이익을 내든, 성장해야 합니다. 고용한 직원들과 유치한 투자금에 대한 책임을 져야 하죠. 계속 성장해야만 살아남을 수 있기 때문에 지속 가능 경영이 가장 중요한 것 같아요.

여기에 조심스레 한 가지를 덧붙이자면, 선순환을 얘기하고 싶습니다. 벌어들인 돈을 필요한 곳에 다시 흘려보내야 한다고 생각해요. 저는 꾸준히 기부를 하고 있고, 앞으로 더 많은 기부를 하고 싶습니다. 직원들과 급식 봉사, 연탄 봉사도 하고 있어요.

돈을 버는 것도 중요하지만, 번 돈을 알맞게 순환시키는 것도 참 중요하다고 생각합니다. 이런 선순환의 가치를 직원들에게도 자주 이야기하고 환기시키고 있습니다. 저는 돈을 많이 벌어서 채용도 많이 하고, 좋은 곳에 많이 흘려보내고 싶어요.


**라온북** : 작은 규모에서 시작해, 빠른 성장을 이루고 계신데요. 조직력을 유지하는 비결이 있는지요?


**송성근** : 규모가 커지면 대표의 생각을 모든 직원에게 강요할 수는 없는 것 같아요. 다양성을 존중하되, 대표와 마음과 뜻이 일치하는 사람이 2명 정도는 있어야 하는 것 같습니다. 대기업도 결국은 두세 명이 회사를 이끌어가거든요.

저희는 얼마 전에 피플실을 신설했습니다. 이곳에서 직원들 업무 능력을 자세히 파악하고 알맞은 곳에 배치하는 일을 맡고 있어요. 저희도 중견기업으로 가는 기로에 서 있는 상황이어서, 외부에서 피플 실장과 IR 팀장을 영입했습니다. 각양각색의 직원들이 일하는 모습을 보면 좀 답답할 때도 있지만, 열린 마음으로 서로의 다른 방식을 받아들이려고 노력합니다.

## 지속 가능 경영과
## 선순환을 지향하다

**라온북** : 대표님이 바라는 인재상은 무엇인가요?

**송성근** : 심장이 뛰는 사람, 인생 한번 제대로 살아보고 싶다는 열망이 있는 사람을 채용하고 싶어요. 그런데 희한하게도, 그런 직원들이 더 많아지고 있어요. 저보다 잠 덜 자고 더 많이 일해서, 저를 넘어서겠다는 직원도 있습니다. 일도 잘하고 뜨거운 열정을 지닌 직원들이 많이 들어와서, 오래 일한 직원들이 긴장하고 있어요. 새로 입사한 MZ 세대 직원들도 주말을 반납하고 일에 몰입하더라고요. 지금까지 사업하면서 처음 겪는 일에요. 우리가 뭔가 큰일을 이뤄낼 수 있지 않을까 하는 기대감이 생겨요.

**라온북** : 대표님이 한결같은 태도로 성장하고 있기 때문에 인재가 모여드는 것 아닐까 싶습니다.

**송성근** : 그렇다면 정말 감사한 일이네요. 한 직원이 제 이름을 검색해보면 앳된 얼굴부터 지금까지 변천사가 전부 나온다고 하더라고요. 제가 지금까지 얘기해왔던 것들을 실행하는 모습에서 저희 회사와 저에 대한 신뢰감이 생겼던 것 같아요.

최근에는 직원 1명 뽑는데 150명이 지원했어요. 예전에는 전혀 그렇지 않았거든요.

**이근웅** : 저는 초기에 직원 채용에 대해 타협했던 것이 후회스러워요. 당장에 사람이 필요하고 지원자가 적어서 타협할 수밖에 없었는데, 지금 돌아보면 힘들고 시간이 더 걸리더라도, 인성과 실력을 잘 갖춘 사람을 찾아서 데려왔으면 회사가 더 성장하지 않았을까 생각해요. 투자자 관점에서는 창업팀의 역량이 중요하다는 생각이 들더라고요.

**송성근** : 저는 조금 다르게 생각하는데요. 직원 수 30명 정도 될 때까지는 창업자가 주도적으로 회사를 이끌어가야 한다고 봐요. 팀보다는 창업자의 자질이 매우 중요하다고 생각합니다. 능력이

있든 없든, 마음만 맞으면 채용해서 온전히 이끌어가는 거예요. 창업자들마다 생각이 다르겠지만 저는 창업자의 마인드가 스타트업의 성패를 가르는 핵심이라고 생각합니다.

**라온북** : 대표님만의 위기 대처법이나 스트레스 관리법이 있는지요?

**송성근** : 글쎄요. 사업하다 보면 위기와 도전은 늘 찾아와요. 상황과 형태가 다를 뿐이죠. 저는 뒤가 없습니다. 뒤는 절벽이고 죽음이니까. 앞만 보고 어떻게든 성장하고 지속 가능하게 만들 수 있도록, 제 임무에 열중할 뿐입니다.

스스로 단련하는 방법으로는 운동을 택하고 있습니다. 저는 일도 많이 하지만, 운동을 엄청나게 합니다. 격한 운동으로 자신을 옭아매는 타입이에요. 운동 덕분에 유혹에 흔들리거나 사고 치지 않고 지금까지 중심을 지킬 수 있었던 것 같습니다. 전국을 돌아다니면서 배드민턴 경기에 참여하고 사이클도 타거든요. 운동을 너무 많이 해서 최근에는 두 다리의 무릎 수술을 받았어요.

일도, 운동도 극한으로 하는 거죠. 토할 정도로 힘들게 운동하면서 스트레스를 푸는 것 같아요.

**라온북** : 마지막으로, 대표님이 사업을 통해 꼭 이루고자 하는 목표가 무엇인지 이야기해주세요.

**송성근** : 앞서 말했듯이, 저는 정말 열심히 하거든요. 그래서 주위 사람들한테 '변태'라는 소리를 듣기도 합니다. 근데 저는 사업이 진짜 재미있어요. 돈을 버는 게 재밌는 게 아니고, 저희가 세운 가설을 현실에서 입증해냈을 때의 성취감이 엄청나거든요.

예를 들어, 우리 회사 기술이 적용된 제품을 우리나라에서 가장 좋은 자동차에 넣고 싶다는 꿈이 있었는데 그걸 실현했습니다. 그 때의 쾌감, 희열은 어떤 걸로도 이길 수가 없어요. 너무 재밌죠.

현재는 외국에 공장을 짓는 것, 매출 1조 원을 이룬 다음 우리 회사 전용 비행기를 사는 것이 제 꿈이고 목표입니다. 그 꿈들을 이루기 위해 날마다 열심히 일하고 있어요.

처음에 제가 500만 원 빌려서 창업할 때, 상장하는 게 목표라고 하니까 다들 제게 사기꾼이라고 했거든요. 상장을 아무나 하냐, 우리나라의 상장사가 코스닥 코스피 합쳐도 2,700여 개뿐인데. 그런데 저는 결국 상장시켰거든요. 그리고 상장한 날에는 매출 1조 원을 이루겠다고 했어요.

이렇게 사업하면서 미래의 꿈을 그리고, 그 꿈을 하나씩 이뤄갈 때의 쾌감이 너무 좋아요. 그 벅찬 성취감이 창업가로 하여금 계속 앞으로 나아갈 수 있게 만드는 원동력이 아닐까 생각합니다.

**북큐레이션 •** 마인드셋 전환으로 당신의 삶을 혁명적으로 바꿔줄 라온북의 책

《스타트업, 네버 마인드》와 함께 읽으면 좋을 책. 사고의 패러다임을 혁신해 남보다 한 발 앞서 미래를 준비하는 사람이 주인공이 됩니다.

직장인이
직업인으로
살아가는 방법

# 인생 리셋

김형중 지음 | 19,500원

## 호모 헌드레드 시대, 당신의 인생 2막을 준비하라
## 창직의 시대, 나의 가치 밸류 업 노하우!

이제 대한민국은 저성장 시대로 접어들었다. 저성장이 가져다주는 신호는 우리에게 분명하다. 직장인으로서 나의 여건을 냉철하게 재점검하고, 내 인생의 포트폴리오를 만들어가야 한다. 퇴직 이후의 시간은 너무나도 길다. 현재 나의 직장생활만을 안위하면서 살아가는 것은 너무나도 안타까운 일이다. 우리의 삶을 건강하고, 가치 있고, 지속가능하게 가져가야 할 것이다. 이를 위해 이 책 《인생 리셋》이 당신의 삶에 시금석이 되어 줄 것이다. 은퇴라는 강줄기의 끝에는 새로운 미래가 자리잡고 있다. 《인생 리셋》을 통해 당신의 더 큰 미래를 열어보자!

퇴직 전
30억 만들기
프로젝트

# 직장인 불로소득

홍주하 지음 | 19,800원

## 《직장인 불로소득》으로 퇴직 전 30억 만들기,
## 투기가 아닌, 투자를 하면 얼마든지 가능하다

이 책 《직장인 불로소득》은 부동산, 미국 주식 ETF 등 다양한 재테크 방법을 안내하고 있다. 그리고 이렇게 투자한 시간으로 얻은 불로소득은 직장에서 온종일 일하며 번 월급보다 더 많은 소득을 벌어줄 것이다. 직장에서 받는 월급은 내가 노력하는 만큼 보상을 해주지 않는다. 하지만 불로소득은 다행히 내가 노력한 만큼 소득을 가져가 줄 것이다. 또한, 시간이 갈수록 복리 그래프를 그리며 당신의 자산을 두둑이 불려줄 것이다.

명심하라. 퇴직 전 30억 만들기를 할 수 있느냐, 아니냐는 당신의 선택에 달려 있다. 시작도 하기 전에 스스로 한계를 긋지 말기 바란다. 이 책 《직장인 불로소득》은 독자들을 통해 여유롭고 풍요로운 노후로 이끌어 줄 것이다.

## 초필사력

이광호 지음 | 19,500원

### 읽고 적고 생각하고 실천하라!
### 필사의 기적이 당신의 삶에 또다른 문을 열어줄 것이다!

필사는 행동력을 높여준다. 필사 노트에는 책 내용뿐만 아니라 생각, 감정, 지식, 계획…, 머릿속에 일어나는 중요한 아이디어를 모두 담을 수 있다. 자극받았을 때 바로 행동할 수 있도록 노트에 실행 계획을 바로 세울 수도 있다. 필사할수록 기록이 생활화된다. 기록은 기획, 실행, 성과, 수정에 이르기까지 모든 행동을 눈으로 확인할 수 있게 해준다. 나를 측정하고 개선을 돕는다. 그래서 필사는 기록하는 습관을 통해 실천력을 키워준다. 누구나 행동하면 자기 이름으로 살아갈 수 있는 시대다. 당신이 어디에서 무엇을 하든 어제는 운명이고, 내일은 선택이며, 오늘은 기회라는 것을 기억했으면 좋겠다. 기회가 왔다. 자, 이제 필사의 세계로 함께 떠나보자.

**연봉을 2배로 만드는 기적의 노하우**

## 파워 루틴핏

정세연 지음 | 19,500원

### 파워루틴이 당신의 삶에
### 변화와 행복의 실행력을 불어넣을 것이다!

파워 루틴은 일상 속의 공식이자 실제적인 액션플랜이다. 루틴으로 탄탄해진 일상은 실력이 되고 성과로 나타난다. 남들과는 다른 탁월함이 되어준다. 일을 할 때도, 돈을 모을 때도, 건강을 챙길 때도 루틴 공식은 필요하다.
이 책은 공기업에서 17년 차 여자 차장으로 쌓아온 정세연 저자의 내공과 지혜, 경험을 온전히 녹여냈다. 행복해지고 싶고, 이제는 좀 달라지고 싶지만, 어디서부터 어떻게 시작해야 할지 모르겠다면, 파워 루틴핏으로 오늘이라는 계단을 올라보길 바란다. 한 번에 한 계단씩 천천히 행복하게 오를 수 있도록 파워 루틴 코치인 저자가 도와줄 것이다. 일상 속 사소하지만 중요한 고민들의 해답을 얻길 바라며, 이제 함께 파워 루틴핏을 시작해보자.

**핵개인 시대를 주도하는 당신의 하이퍼 퍼스낼리티 강화 전략**